LIGAMUNDO

HISTÓRIA

ALEXANDRE ALVES
Doutor em História pela Universidade de São Paulo (USP)
Autor-colaborador de coleções didáticas do Ensino Fundamental e do Ensino Médio

LETÍCIA FAGUNDES DE OLIVEIRA
Mestra em História Social pela Universidade de São Paulo (USP)
Autora-colaboradora de coleções didáticas do Ensino Fundamental e do Ensino Médio

4º ano
Ensino Fundamental • Anos Iniciais

Editora Saraiva
São Paulo – 1ª edição – 2018

Editora Saraiva

Direção geral: Guilherme Luz
Direção editorial: Luiz Tonolli e Renata Mascarenhas
Gestão de projeto editorial: Tatiany Renó
Gestão e coordenação de área: Wagner Nicaretta (ger.) e Brunna Paulussi (coord.)
Edição: Beatriz de Almeida Francisco, Érica Lamas, Flávia Merighi Valenciano e Guilherme Reghin Gaspar
Gerência de produção editorial: Ricardo de Gan Braga
Planejamento e controle de produção: Paula Godo, Roseli Said e Marcos Toledo
Colaboração para desenvolvimento da seção *Conectando saberes*: Mauro César Brosso e Suzana Obara
Revisão: Hélia de Jesus Gonsaga (ger.), Kátia Scaff Marques (coord.), Rosângela Muricy (coord.), Ana Curci, Ana Paula C. Malfa, Arali Gomes, Daniela Lima, Diego Carbone, Flavia S. Vênezio, Gabriela M. Andrade, Lilian M. Kumai, Luciana B. Azevedo. Maura Loria, Paula T. Jesus, Raquel A. Taveira e Sueli Bossi
Arte: Daniela Amaral (ger.), Claudio Faustino (coord.), Jacqueline Ortolan, Karen Midori Fukunaga, Livia Vitta Ribeiro e Meyre Diniz (edit. arte)
Diagramação: JS Design
Iconografia: Sílvio Kligin (ger.), Denise Durand Kremer (coord.), Karina Tengan (pesquisa iconográfica)
Licenciamento de conteúdos de terceiros: Thiago Fontana (coord.), Luciana Sposito e Liliane Rodrigues (licenciamento de textos), Erika Ramires e Claudia Rodrigues (analistas adm.)
Tratamento de imagem: Cesar Wolf e Fernanda Crevin
Ilustrações: Biry Sarkis, Carlos Bourdiel, Eduardo Medeiros, Jefferson Galdino e Luis Matuto
Cartografia: Eric Fuzii (coord.), Robson Rosendo Da Rocha (edit. arte)
Design: Gláucia Correa Koller (ger.), Erika Tiemi Yamauchi Asato (capa e proj. gráfico), Talita Guedes da Silva (capa)
Ilustração de capa: Ideário Lab
Foto de capa: Rubberball/Getty Images

Avenida das Nações Unidas, 7221, 1º andar, Setor A – Espaço 2 – Pinheiros – SP – CEP 05425-902
SAC 0800 011 7875
www.editorasaraiva.com.br

Dados Internacionais de Catalogação na Publicação (CIP)
(Câmara Brasileira do Livro, SP, Brasil)

```
Alves, Alexandre
   Ligamundo : história 4º ano / Alexandre Alves,
Letícia Fagundes de Oliveira. -- 1. ed. --
São Paulo : Saraiva, 2018.

   Suplementado pelo manual do professor.
   Bibliografia.
   ISBN 978-85-472-3447-8 (aluno)
   ISBN 978-85-472-3448-5 (professor)

   1. História (Ensino fundamental) I. Oliveira,
Letícia Fagundes de. II. Título.

18-16477                                CDD-372.89
```

Índices para catálogo sistemático:
1. História : Ensino fundamental 372.89

Maria Alice Ferreira - Bibliotecária - CRB-8/7964

2023
Código da obra CL 800665
CAE 628126 (AL) / 628127 (PR)
1ª edição
9ª impressão

Impressão e acabamento: Bercrom Gráfica e Editora

Uma publicação SOMOS EDUCAÇÃO

APRESENTAÇÃO

Caro aluno,

Você já pensou sobre como seria viver em uma outra época ou em um lugar com outra cultura? Já imaginou como as pessoas moravam, trabalhavam, se relacionavam, brincavam e se divertiam no passado? Será que era da mesma maneira que fazemos hoje em dia?

Aprender História é uma forma de responder a essas e muitas outras questões. A História é a ciência que nos mostra a imensa riqueza e diversidade das culturas humanas no presente e no passado. A maneira como as pessoas vivem, pensam e se organizam pode ser muito variada, mas sempre existe algo que une todos os seres humanos em todas as épocas e lugares: a necessidade de sonhar, de criar, de amar e de se comunicar.

Esta coleção foi pensada para você, que sempre quer saber mais, que adora novidades, aventuras e descobertas. A História pode ser muito divertida, como passear por terras distantes, resolver um enigma ou decifrar um mistério.

Estudar História é também um modo de conhecermos a nós mesmos e de saber quem somos e de onde viemos. Compreender como era a vida das pessoas em outras épocas e lugares vai ajudá-lo a entender melhor sua própria vida aqui no presente.

Vamos começar a nossa aventura?

CONHEÇA SEU LIVRO

Este livro está dividido em nove unidades.

Abertura de unidade

Nesta seção você conhecerá o que vai aprender ao longo da unidade. Vai também conversar com os colegas sobre o que já sabem a respeito dos temas que serão estudados a partir da leitura de imagens.

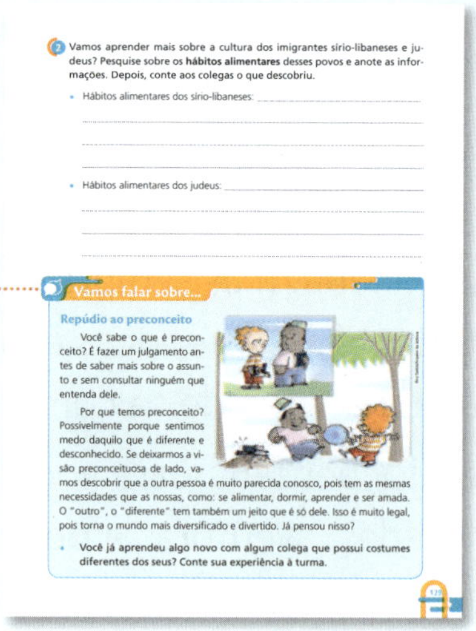

Vamos falar sobre...

Nesta seção você conversará com os colegas sobre atitudes e valores importantes para a sua formação como cidadão.

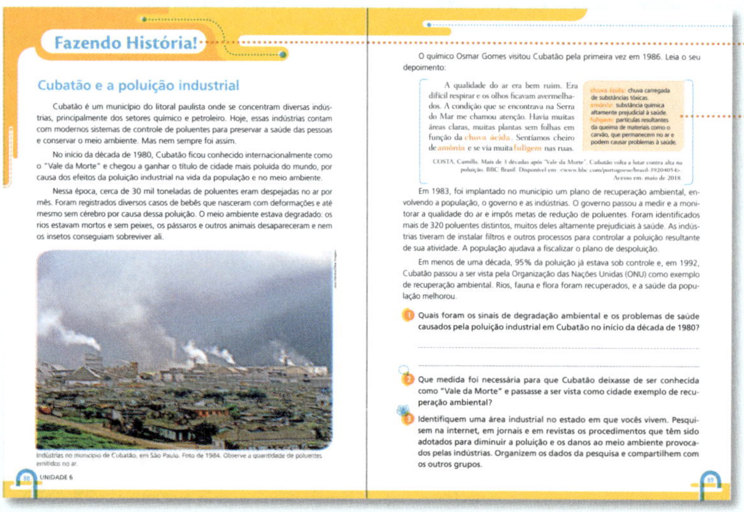

Fazendo História!

Esta seção amplia o estudo de alguns processos ou fatos abordados na unidade, muitas vezes por meio da análise de diferentes fontes históricas.

Glossário

Aqui você vai encontrar o significado das palavras destacadas no texto.

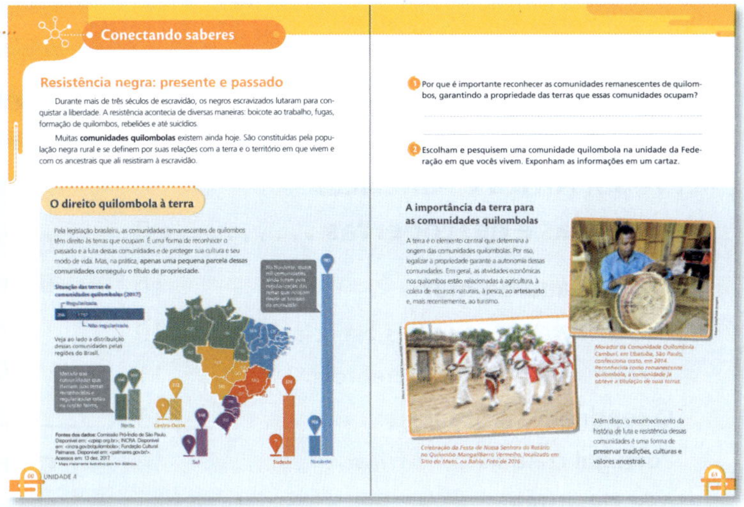

Conectando saberes

Nesta seção você conhecerá com mais profundidade algum tema estudado na unidade, relacionando o assunto com outras áreas do conhecimento e noções de cidadania.

Rede do conhecimento

Esta seção retoma e amplia, por meio de mapas conceituais ou infográficos, alguns conteúdos tratados na coleção.

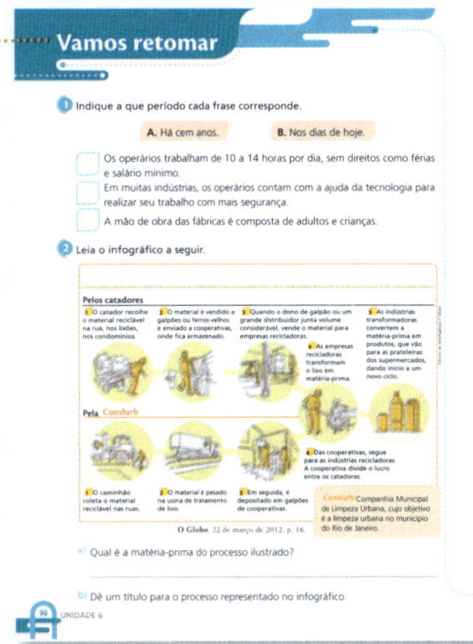

Vamos retomar

Esta seção apresenta atividades que retomam alguns temas estudados na unidade.

Ícones que indicam como realizar as atividades:

- Oral
- Em dupla
- Em grupo
- No caderno

Autoavaliação

Esta seção vai ajudar você a perceber se adquiriu o conhecimento dos principais temas trabalhados na unidade e a refletir sobre o que precisa melhorar.

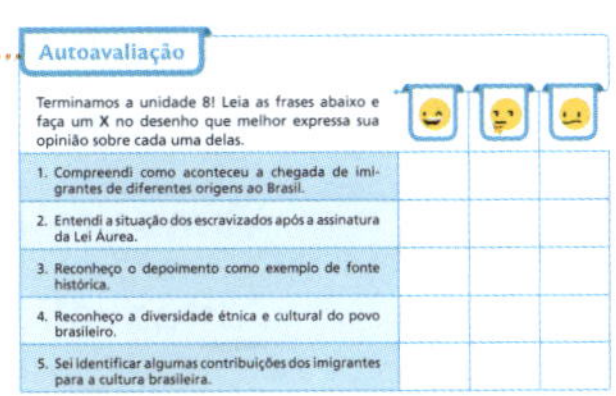

Sugestões

Nesta seção há indicação de livros, *sites*, vídeos e filmes para você complementar seu estudo.

As sugestões têm o objetivo de ampliar seu aprendizado, e não de fazer propaganda.

SUMÁRIO

UNIDADE

1 Europa, África e América: conquistas e descobertas

Nesta unidade você vai:

- Entender por que os espanhóis e os portugueses tiveram um importante papel no processo de expansão marítima.
- Compreender como ocorreram a conquista e a ocupação de parte da África pelos portugueses e relacioná-las com a atual Comunidade dos Países de Língua Portuguesa (CPLP).
- Entender que os documentos históricos são fontes indispensáveis de conhecimento para a História.

No início das Grandes Navegações, acreditava-se que o oceano era habitado por monstros marinhos. Observe a imagem e converse com os colegas e o professor.

1. Descreva o que você vê na cena representada.
2. Em sua opinião, os navegadores do passado tinham mais facilidades ou mais dificuldades para navegar do que os navegadores do presente? Explique sua resposta.

Science Source/Fotoarena

Detalhe de mapa do atlas **Theatrum Orbis Terrarum**, de Abraham Ortelius, editado pela primeira vez em 1570.

Do outro lado do mar

Imagine que você vai viajar para lugares nunca visitados pelo ser humano. Como seria se aventurar em mares e oceanos nunca antes navegados? O que você acha que descobriria? Que dificuldades enfrentaria? Que instrumentos você usaria nessa aventura?

Há cerca de 600 anos, portugueses e espanhóis estiveram à frente da chamada era dos **grandes descobrimentos marítimos**. Foi quando, pela primeira vez, esses navegadores tiveram contato, na África e na Ásia, com povos desconhecidos e também chegaram a um continente muito distante e diferente do continente europeu: a **América**. A descoberta de novas terras e culturas pelos europeus mudou definitivamente a forma como entendemos o mundo. É essa história que vamos conhecer.

O lucrativo comércio das especiarias

especiaria: erva aromática, condimento.

Por volta do ano 1400, iniciaram-se as viagens dos portugueses rumo à exploração de mares e terras desconhecidos. O objetivo dessas viagens era buscar riquezas e produtos muito valorizados na Europa, como o ouro, a seda e as **especiarias**, na região das Índias (Oriente).

Especiarias como canela, cravo, gengibre, pimenta e noz-moscada eram produtos muito cobiçados pelos europeus, pois o seu comércio rendia muito dinheiro. Elas eram usadas na alimentação, na conservação de alimentos e na produção de remédios e perfumes.

SoumenNath/iStock/Getty Images

Os europeus atravessavam o mundo para buscar especiarias no Oriente. Esse mercado continua sendo tradicional na Índia e em outros países orientais. Na foto, comércio de especiarias em Uttar Pradesh, na Índia, em 2015.

A conquista do "mar tenebroso"

escorbuto: doença causada pela carência de vitamina C. Os sintomas são hemorragias e baixa resistência a outras doenças.

As viagens marítimas nesse período eram muito perigosas e arriscadas. Duravam meses, e era comum parte dos tripulantes morrer em naufrágios, de fome ou de doenças como o **escorbuto**.

Na época, acreditava-se que a Terra era plana e, portanto, terminava em um abismo. A navegação pelo oceano Atlântico também gerava medo, pois as pessoas acreditavam que suas águas eram habitadas por monstros marinhos. O oceano Atlântico era considerado um "mar tenebroso".

Bettmann/Getty Images

Os viajantes da época acreditavam que o oceano Atlântico (o "mar tenebroso") era habitado por seres monstruosos e assustadores, capazes de naufragar qualquer embarcação. Era preciso ter coragem para enfrentar os perigos, tanto os reais como os imaginários. Ao lado, ilustração presente na obra **Cosmographia**, de Sebastian Münster, do século XVI, representando esses seres marinhos.

1 **Escreva, no caderno, uma pergunta para cada resposta a seguir.**

Ervas aromáticas e condimentos com elevado valor comercial, cobiçados pelos europeus.

Elas eram usadas na alimentação, na conservação de alimentos e na produção de remédios e perfumes.

2 **"Era preciso ter coragem para enfrentar os perigos, tanto os reais como os imaginários". Dê exemplos dos perigos a que se refere esse trecho da legenda.**

3 Leia o poema e responda às questões.

O mostrengo

Biry Sarkis/Arquivo da editora

O mostrengo que está no fim do mar
Na noite de breu ergueu-se a voar;
À roda da nau voou três vezes,
Voou três vezes a chiar,
E disse: "Quem é que ousou entrar
Nas minhas cavernas que não [desvendo,
Meus tectos negros do fim do [mundo?"
E o homem do leme disse, tremendo:
"El-Rei D. João Segundo!"

"De quem são as velas onde me roço?
De quem as quilhas que vejo e ouço?"
Disse o mostrengo, e rodou três [vezes,
Três vezes rodou imundo e grosso,
"Quem vem poder o que só eu [posso,
Que moro onde nunca ninguém [me visse
E escorro os medos do mar sem [fundo?"
E o homem do leme tremeu, e disse:
"El-Rei D. João Segundo!"

Três vezes do leme as mãos ergueu,
Três vezes ao leme as reprendeu,
E disse no fim de tremer três vezes:
"Aqui ao leme sou mais do que eu:
Sou um Povo que quer o mar que [é teu;
E mais que o mostrengo, que me a [alma teme
E roda nas trevas do fim do mundo;
Manda a vontade, que me ata ao [leme,
De El-Rei D. João Segundo!"

PESSOA, Fernando. O mostrengo. **Poetas portugueses de hoje e de ontem**. Seleção de Maria de Lourdes Varanda e Maria Manuela Santos. São Paulo: Martins Fontes, 2011. p. 45.

a) Quem são os personagens do poema?

b) Qual é o significado do trecho "Sou um Povo que quer o mar que é teu [...]"?

O continente africano

Na busca de um novo caminho para chegar às Índias, os portugueses passaram a explorar um continente praticamente desconhecido por eles: a **África**.

Além da procura de uma rota alternativa para as Índias, os portugueses também queriam conquistar novos territórios e mercados, a fim de expandir seus domínios e aumentar suas riquezas com a compra e a venda de produtos. Eles se interessavam por ouro e marfim, além de pessoas para escravizar, e vendiam sal, trigo e tecidos para os africanos.

Povos africanos

Na África, os portugueses entraram em contato com diversos povos que já habitavam o continente há milhares de anos. Esses povos apresentavam organização, modos de vida, línguas, costumes e crenças diferentes dos que os europeus possuíam.

Havia grandes centros urbanos, como nos reinos do Mali e do Congo, e também pequenas aldeias. Havia ainda grupos nômades de agricultores e pastores, que se deslocavam de acordo com as condições climáticas, e caravanas de mercadores que percorriam rotas de longa distância, muitas vezes pelo deserto, buscando oportunidades de negócio.

Os povos africanos exploravam os recursos naturais de seu território, dominavam técnicas de agricultura e comercializavam minérios, metais preciosos e especiarias, como a pimenta e a noz-de-cola.

DeAgostini/Getty Images

Grande Mesquita de Djenné, no deserto do Saara, localizado no continente africano. Essa mesquita foi construída em 1280. Foto de 2016.

1 Como viviam os diversos povos africanos antes da chegada dos portugueses?

....

....

....

....

2 O que levou os portugueses a explorar o continente africano? Sublinhe no texto a resposta.

Portugal conquista a África

Desde o início da navegação no Atlântico até a chegada à Índia foram necessários quase 100 anos de expedições marítimas. Os navegadores portugueses foram, assim, conquistando a costa ocidental da África. O primeiro local conquistado foi Ceuta, em 1415. A partir daí, os navegadores portugueses alcançaram outros territórios, formando **feitorias** em: ilha da Madeira (1424), Cabo Verde (1460), Moçambique (1498) e, mais tarde, Angola (1559).

feitoria: local estratégico que servia para troca de mercadorias entre nativos e mercadores portugueses.

Hoje, alguns desses territórios africanos fazem parte da Comunidade dos Países de Língua Portuguesa (CPLP), assim como o Brasil. Observe o mapa.

Mundo: Comunidade dos Países de Língua Portuguesa (2018)

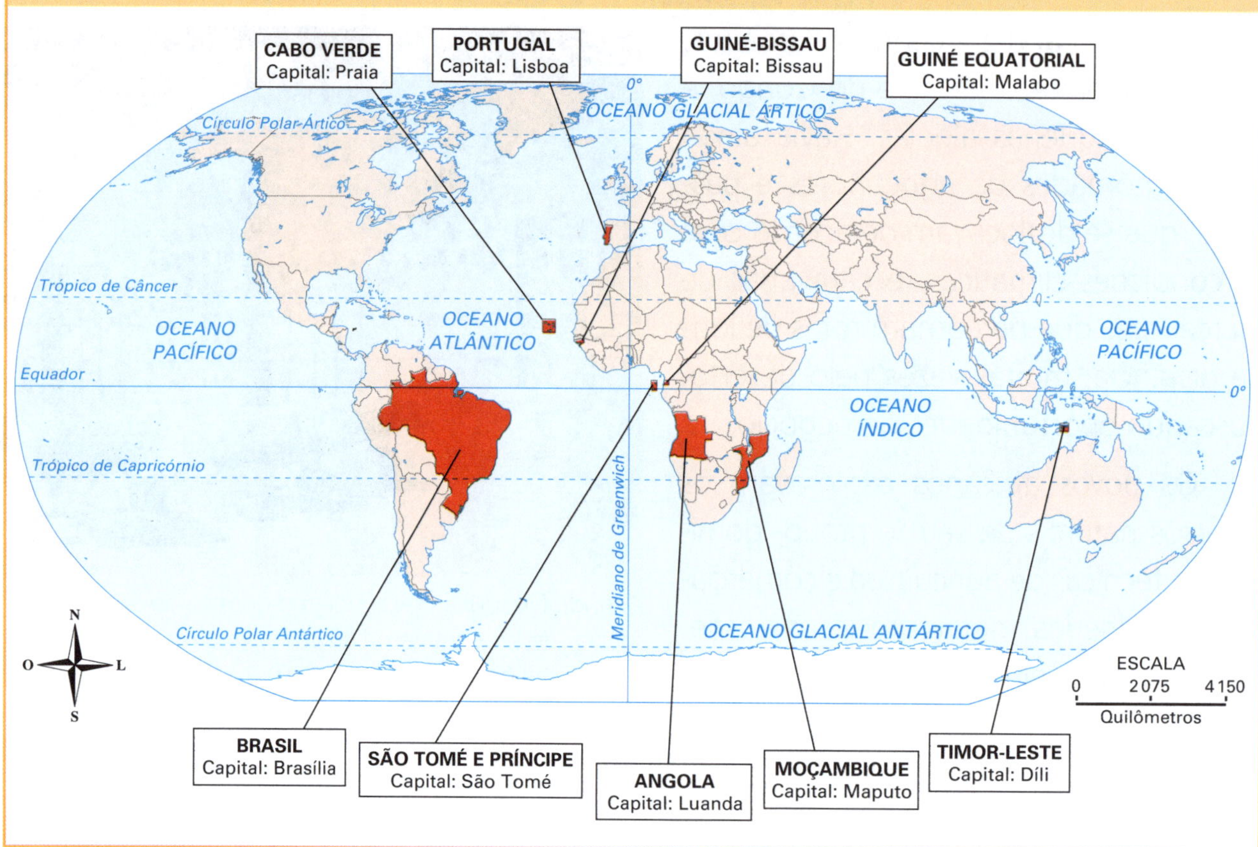

Banco de imagens/Arquivo da editora

COMUNIDADE DOS PAÍSES DE LÍNGUA PORTUGUESA (CPLP). Disponível em: <www.cplp.org/id-2778.aspx>. Acesso em: janeiro de 2018.

1 Escreva, no caderno, uma marca da influência portuguesa na África que permanece até a atualidade.

2 Reúna-se com um grupo de colegas e pesquisem uma lenda ou narrativa africana. Estudem as informações pesquisadas e compartilhem com o restante da turma o que vocês descobriram.

3 Forme um grupo com três colegas e leiam o texto com atenção.

América: O **Brasil** é o único país de língua portuguesa na América. Durante o período colonial, o português falado no Brasil foi influenciado pelas línguas indígenas, africanas e de imigrantes europeus. [...]

Europa: O português é a língua oficial de **Portugal**. Em 1986, o país passa a integrar a Comunidade Econômica Europeia (CEE) e a língua portuguesa é adotada como um dos idiomas oficiais da organização. [...]

Ásia: Entre os séculos XVI e XVIII, o português atuou como língua franca nos portos da Índia e sudeste da Ásia. Atualmente, a cidade de **Goa**, na Índia, é o único lugar do continente onde o português sobrevive na sua forma original. [...]

Oceania: O português é idioma oficial no **Timor-Leste**. No entanto, a língua dominante no país é o *tétum*. [...]

África: O português é a língua oficial de cinco países, sendo usado na administração, no ensino, na imprensa e nas relações internacionais. A língua convive com diversos dialetos crioulos. [...]

Português no mundo. Em: **Só Português**. Disponível em: <www.soportugues.com.br/secoes/portuguesMundo.php>. Acesso em: maio de 2018.

- Escolham um país do continente africano cuja língua oficial é o português e façam uma pesquisa sobre seus costumes e tradições. Com base na pesquisa, elaborem um cartaz. Ilustrem-no com imagens, identificando-as com legendas.

Vamos falar sobre...

O português falado no mundo

Em cada região do Brasil, o português tem palavras e sotaques diferentes para expressar as ideias. Fora do Brasil, em países como Angola, Moçambique e mesmo Portugal, as diferenças são ainda mais perceptíveis. Isso acontece porque a língua é viva e nossa forma de falar e escrever recebe influências diferentes dependendo do meio onde vivemos. No Brasil, a língua portuguesa teve influência de línguas indígenas, africanas e também da língua dos imigrantes que vieram viver aqui. Em São Paulo, por exemplo, o português foi bastante influenciado pela língua italiana, em razão do grande número de imigrantes vindos da Itália e estabelecidos nessa cidade brasileira.

- **Verifique se há alguém na turma que tenha vindo de outra região do Brasil. Em caso positivo, peça a esse colega que fale sobre as palavras diferentes usadas pelas pessoas da região de origem dele.**

Fazendo História!

Relato de viajantes

Uma das maneiras de conhecer como eram as viagens na época das Grandes Navegações é ler o relato de navegadores, como os portugueses Vasco da Gama e Pedro Álvares Cabral. Eles deixaram registros detalhados em seus diários de bordo.

Leia a seguir um trecho do relato de viagem de Vasco da Gama, que partiu de Lisboa com uma esquadra de quatro navios e uma tripulação de 170 homens. Em maio de 1498, depois de dez meses no mar, chegou a Calicute, na costa ocidental da Índia, inaugurando, assim, uma importante rota marítima entre a Europa e o Oriente.

The Bridgeman Art Libary/Glow Images

A chegada de Vasco da Gama a Calicute, em 1498, marca o início de uma lucrativa rota marítima comercial entre Portugal (Ocidente) e as Índias (Oriente). A viagem foi impulsionada pela busca das valiosas e cobiçadas especiarias. Acima, detalhe de tapeçaria do século XVI representando o evento.

[...] No sábado, 8 de julho [de 1497], partimos do porto do Restelo, para seguir nosso caminho – rogando que Deus Nosso Senhor nos deixasse acabar a missão em Seu Serviço.

No sábado seguinte, avistamos as Canárias. [...] Ao anoitecer, continuamos viagem pelo rio do Ouro.

A cerração foi tão intensa nesta noite que Paulo da Gama se perdeu de toda a **frota** [...]. Estava combinado que quem se perdesse deveria seguir em direção às ilhas do Cabo Verde. Foi o que fizemos.

frota: conjunto de embarcações (naus e caravelas).

No domingo, 23 de julho, avistamos ao amanhecer a ilha do Sal e logo daí a uma hora vimos três navios. [...] Eles também haviam-se perdido do capitão-mor.

Seguimos juntos nossa rota até que nos faltou o vento. Andamos em calmaria até a quarta-feira pela manhã.

VELHO, Álvaro. **O descobrimento das Índias:** o diário da viagem de Vasco da Gama. Rio de Janeiro: Objetiva, 1998. p. 41.

1 **Numere as frases de acordo com a ordem em que ocorreram os fatos.**

- [ ] Os navios se perderam. Foram se reencontrar nas ilhas do Cabo Verde, como haviam combinado.
- [ ] Em julho de 1497, a frota partiu do porto do Restelo com destino às Índias.
- [ ] A frota avistou a ilha do Sal e encontrou outros navios, com os quais enfrentou uma calmaria nos dias seguintes.
- [ ] Depois de avistar as ilhas Canárias, seguiu viagem pelo rio do Ouro.

2 **Imagine que somente uma das embarcações carregasse os mantimentos e ela tivesse se perdido. Responda: O que teria acontecido?**

....

....

....

3 **Em uma folha à parte, elabore o relato de uma viagem, real ou imaginária. Imagine que ele será preservado para outras gerações.**

- Escolha um lugar que você conheceu ou gostaria de conhecer em uma viagem.
- Anote, dia a dia, as suas impressões sobre a viagem.
- Selecione imagens do local: paisagens, construções, monumentos, mar, lagos.
- Escreva o seu relato e leia-o para a turma.

Dividindo a América

Assista

Brasil 500 anos: Um Novo Mundo na TV

Você sabe como a América foi dividida pelos europeus no século XV?

Em 1492, o navegador **genovês** Cristóvão Colombo chegou a terras americanas pela primeira vez. Achou que estava chegando às Índias e, por isso, chamou os habitantes nativos de "índios". Anos depois, quando os portugueses e espanhóis perceberam que se tratava de outro território, chamaram-no América. Para eles, a América passou a ser conhecida como Novo Mundo.

Os navegadores europeus foram ocupando e dominando o novo continente em nome dos reis de Portugal e da Espanha, sem considerar que os povos nativos tivessem direito às terras que habitavam.

Nesse período, Portugal e Espanha eram as duas maiores potências marítimas europeias e disputavam a conquista de territórios. No entanto, os dois países tinham interesse em firmar um acordo para rapidamente tomar posse das novas terras. Por isso, em 1494, assinaram o **Tratado de Tordesilhas**.

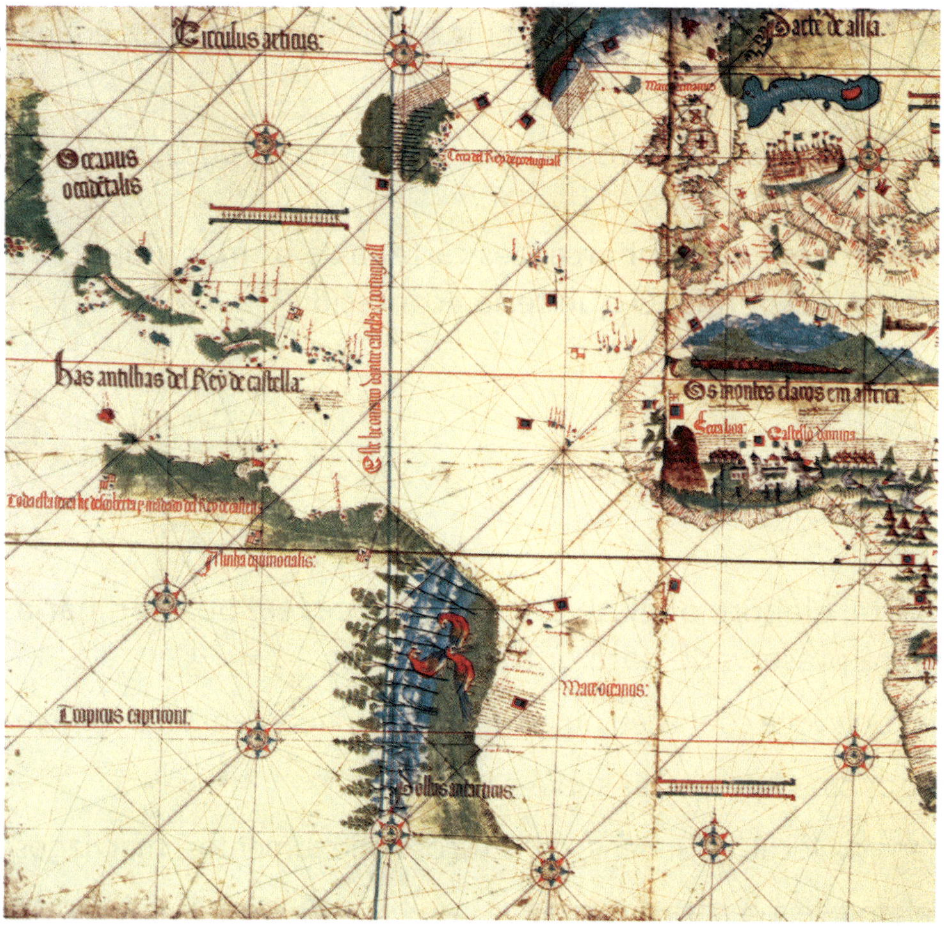

Mapa de 1502 representando o Tratado de Tordesilhas. Nele observa-se a linha de demarcação que dividia as terras entre espanhóis e portugueses.

genovês: pessoa que nasceu na cidade de Gênova (na atual Itália).

O Tratado de Tordesilhas dividia o mundo a partir do meridiano que passava 370 **léguas** a oeste do arquipélago de Cabo Verde. As terras a leste desse meridiano pertenciam a Portugal; as terras a oeste pertenciam à Espanha. Outros países europeus, como Inglaterra, França e Holanda, não aceitaram esse tratado e promoveram expedições para atacar o litoral americano.

légua: medida de distância; seu valor variava segundo países e épocas.

A chegada dos portugueses

Pedro Álvares Cabral e sua frota estavam em busca das cobiçadas mercadorias do Oriente. A serviço de dom Manuel, rei de Portugal, eles tinham ordens de tomar posse das terras que encontrassem durante a viagem. Cabral percorria o caminho das Índias já aberto pelo navegador português Vasco da Gama, porém afastou-se da costa africana, navegando para o Ocidente.

No dia 22 de abril de 1500, os portugueses avistaram o território onde hoje é o Brasil. Nesse dia, as treze embarcações de Cabral atracaram em Porto Seguro, no atual estado da Bahia, depois de 44 dias de viagem. Cabral tomou posse do novo território em nome do rei, batizando-o de Ilha de Vera Cruz. Os indígenas que aqui já viviam chamavam a terra de Pindorama (em tupi, "terra das palmeiras").

Rogerio Reis/Tyba/Museu Internacional de Arte Naïf do Brasil, Rio de Janeiro, RJ.

Detalhe da obra **Brasil, cinco séculos de luta**, de Aparecida Azedo, 1992-1995. A obra completa mede 24,7 m × 1,42 m e é considerada o maior quadro *naïf* do mundo. Ela retrata os 500 anos da história do Brasil e está exposta no Museu Internacional de Arte *Naïf* do Brasil, localizado na cidade do Rio de Janeiro.

- **Imagine viajar para um lugar novo e encontrar um povo com cultura diferente da sua. Como seria? O que você sentiria? E como faria para estabelecer uma relação com esse povo e descobrir mais sobre ele?**

Jongo: uma tradição afro-brasileira

Leia
Vovó Nanã vai à escola

As **comunidades** afro-brasileiras são herdeiras das tradições trazidas pelos africanos escravizados pelos portugueses desde o início do século XVI até 1888, quando a escravidão foi abolida no Brasil. Essas tradições manifestam-se na música, na dança e na religiosidade praticadas por essas comunidades.

comunidade: grupo de pessoas ligadas por interesses comuns e por um mesmo legado histórico e cultural.

O **jongo**, também conhecido como **caxambu**, é uma dança originária da África e praticada por diferentes etnias, como benguelas, congos e cabindas, que compartilhavam uma mesma língua, o banto. Ela foi trazida ao Brasil por africanos bantos que foram escravizados.

Hoje essa dança é considerada afro-brasileira e se expressa ao som de tambores. Em 2005, a importância dessa tradição foi reconhecida e o jongo foi registrado como **patrimônio imaterial** do Brasil. O texto abaixo conta um pouco sobre como o jongo é dançado:

patrimônio imaterial: conjunto de saberes e fazeres, como a música, a dança e a culinária, que são passados de geração em geração de forma oral.

> A dança, ao animar a roda de jongo, torna-se um desafio à parte entre o casal que dança ao centro até ser substituído. Há comunidades em que um dançarino se insere num passo solto no meio da roda. Dança-se na roda de acordo com o conhecimento de cada participante. Cada comunidade, grupo ou jongueiro dança a seu modo.
>
> A dança. Em: Pontão de cultura Jongo/Caxambu. Disponível em: <crjongoditoribeiro.org.br/a-danca/>. Acesso em: maio de 2018.

Hélvio Romero/Agência Estado

Apresentação de jongo no pátio da Capela das Mercês durante a Festa do Divino Espírito Santo, em São Luiz do Paraitinga, no estado de São Paulo. Foto de 2016.

1 Leia, a seguir, a letra de uma música sobre a importância da contribuição dos africanos para a cultura brasileira.

Áfrico

Quem foi que fez brasileiro bater
Tambor de jongo?
De onde é que sai quem batuca
[com o pé?
Terno de Congo?
Quem é, me ensina quem foi
Que fez o povo dançar
Tambor de Mina, Bumba
[meu boi,
Boi-bumbá,
O bambaquerê,
O samba, o ijexá,
Quando o Brasil resolveu cantar?

Quem foi que pôs o lamento na voz
Da lavadeira?
Quem fez aqui baticum, candomblé
E a capoeira?
Quem trouxe o maracatu?
Quem fez o maculelê,
Mineiro-pau, coco, caxambu,
Bangulê,
A xiba, o lundu,
O cateretê,
Quando o Brasil resolveu cantar?

Me diz quem foi que fez
A dor se transformar
Em som de carnaval,
Em batucada,
Em melodia?
Que força fez mudar
Toda tristeza
Em alegria
Quando o Brasil resolveu cantar?

SANTOS, Sérgio. Áfrico. In: ______. **Áfrico:** quando o Brasil resolveu cantar. Rio de Janeiro: Biscoito Fino, 2001. 1 CD. Faixa 14.

a) Sublinhe na letra da música os exemplos de tradições apontados pelo autor.

b) Na sua opinião, qual é o significado do trecho "A dor se transformar / Em som de carnaval, [...] / Toda tristeza / Em alegria"? Discuta com os colegas.

2 A aquarela ao lado pertence ao presente ou ao passado? O que podemos concluir com relação à dança do jongo?

Cena de fandango (jongo) de negros, de Augustus Earle, 1822 (aquarela, de 21 cm × 34 cm).

Vamos retomar

1 O que aconteceu no dia 22 de abril de 1500?

....

....

....

2 Complete as frases corretamente com as palavras do quadro.

Índias	remédios	elementos
pimenta	brasileiros	animais
europeus	especiarias	condimentos

- O comércio com as .... interessava aos ...., que obtinham grandes lucros com o comércio de ....
- As especiarias eram ervas aromáticas e ...., como o cravo, a canela, a ...., o gengibre e a noz-moscada. Eram usadas como tempero, para conservar os alimentos e para fazer .... e perfumes.

3 Complete a linha do tempo a seguir com o ano correspondente aos acontecimentos.

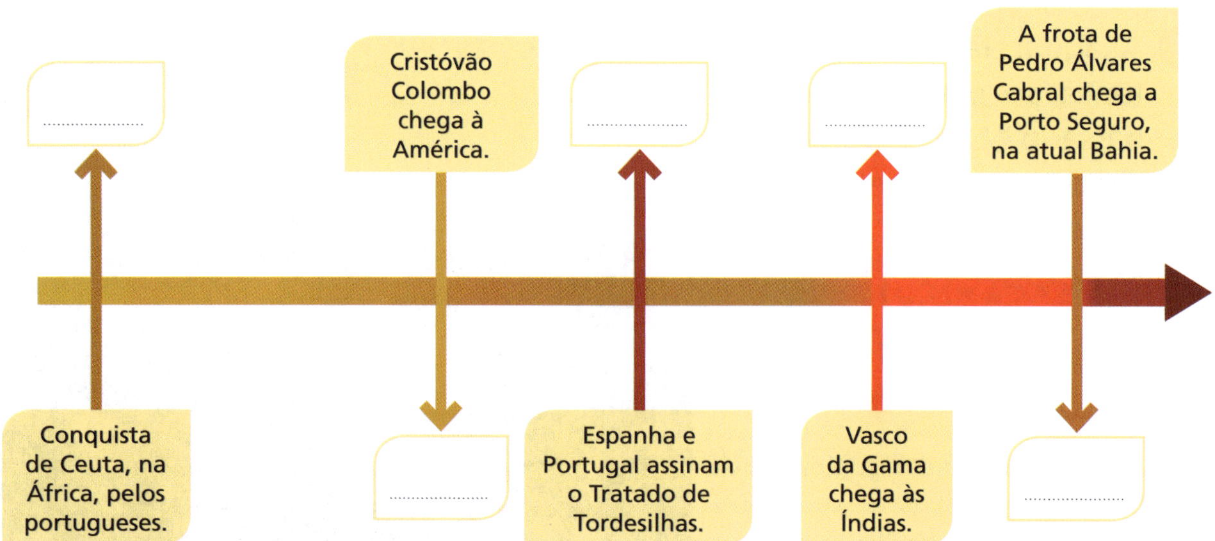

Autoavaliação

Terminamos a unidade 1! Leia as frases abaixo e faça um **X** no desenho que melhor expressa sua opinião sobre cada uma delas.

1. Entendi por que os espanhóis e os portugueses tiveram um importante papel no processo de expansão marítima.			
2. Compreendi como ocorreram a conquista e a ocupação de parte da África pelos portugueses e consigo relacioná-las com a atual Comunidade dos Países de Língua Portuguesa (CPLP).			
3. Entendi que os documentos históricos são fontes indispensáveis de conhecimento para a História.			

Sugestões

Para assistir

- **Brasil 500 anos: Um Novo Mundo na TV**. Episódio II: Caminhos da riqueza. Disponível em: <www.dominiopublico.gov.br/download/video/me000818.mp4>. Acesso em: maio de 2018.
  Série que relata a aventura das navegações portuguesas por meio do teatro de bonecos.

Reprodução/<http://tvescola.mec.gov.br/tve/video/caminhosdariqueza>

Editora FTD/Arquivo da editora

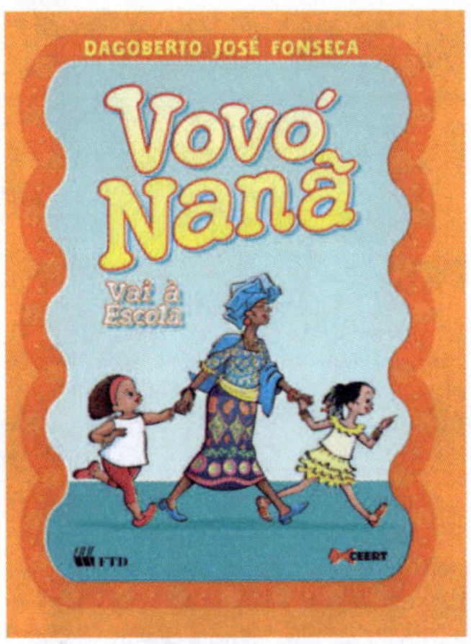

Para ler

- **Vovó Nanã vai à escola**, de Dagoberto José Fonseca, FTD.
  As primas Aisha e Yetundê moram na casa da avó Nanã, que nasceu na Nigéria, África, e conta histórias sobre sua origem para as netas. Nanã narra o início das relações entre África e Brasil.

UNIDADE

2 O início da colonização

Nesta unidade você vai:

- Aprender que a extração do pau-brasil foi uma fonte de riqueza para os portugueses no passado.
- Compreender a catequização dos indígenas como parte do processo de colonização.
- Aprender o que é e onde se localiza a Mata Atlântica.
- Reconhecer um mapa e identificar e interpretar legendas.
- Relacionar o problema do desmatamento no presente com a exploração da Mata Atlântica no passado.

Observe a pintura, leia a legenda e converse com os colegas e o professor sobre as questões.

1. Quando os portugueses chegaram ao território onde hoje é o Brasil, eles encontraram povos nativos que possuíam uma cultura totalmente diferente da sua. Na pintura, a cruz representa qual aspecto da cultura dos portugueses?
2. Como os indígenas foram representados nessa pintura?

Primeira missa no Brasil (detalhe), de Victor Meirelles, 1860 (óleo sobre tela, de 2,68 m × 3,56 m). A primeira missa nas terras que mais tarde formariam o Brasil aconteceu em 26 de abril de 1500, na região de Porto Seguro, no atual estado da Bahia, por determinação de Pedro Álvares Cabral.

A árvore que virou riqueza

Leia
Pau-Brasil

Quando você chega a um lugar desconhecido, o que mais lhe interessa? O que você imagina que mais interessou aos portugueses logo que chegaram às terras que mais tarde formariam o Brasil?

No início do século XVI, a presença do pau-brasil na Mata Atlântica, ao longo do litoral, chamou a atenção dos portugueses.

Conhecido também como "pau-de-tinta", o pau-brasil era muito valorizado na Europa, pois, de seu tronco, era possível extrair um corante vermelho, cor de brasa. Esse corante era utilizado para tingir tecidos, como o linho e a seda.

Entre os Tupi, o pau-brasil era chamado ibirapitanga, que significa "pau vermelho". Eles usavam a madeira para fazer arcos, e o corante, para tingir penas.

Parceria entre portugueses e indígenas

Os portugueses se beneficiaram do conhecimento indígena sobre o pau-brasil e a Mata Atlântica. Os nativos faziam a maior parte do trabalho necessário à exploração dessa madeira: cortavam e empilhavam as toras, transportavam-nas às feitorias e embarcavam-nas nos navios. Em troca desse serviço, recebiam objetos de metal, como anzóis, facas, tesouras e machados, que eram ferramentas muito diferentes das que usavam até então, feitas de pedra. Esse sistema de troca de trabalho por produtos era chamado **escambo**.

Reprodução/Coleção José Mindlin, São Paulo, SP.

Indígenas realizando o corte do pau-brasil. Xilogravura de André Thevet publicada no livro **La Cosmographie universelle d'André Thevet**, de 1575.

A riqueza produzida para a Coroa portuguesa com o trabalho dos indígenas era muito maior que o valor gasto nas recompensas dadas a eles, o que configurava um negócio muito lucrativo para os portugueses.

No século XVI, a extração do pau-brasil mostrou-se tão lucrativa que atraiu o interesse de outros europeus, que ocuparam o território americano em busca dessa madeira. O ritmo de exploração foi tão intenso que em pouco tempo o pau-brasil só podia ser encontrado bem distante da costa (a cerca de 20 quilômetros).

Edson Grandisoli/Pulsar Imagens

Pau-brasil em praça na cidade de São Paulo, no estado de São Paulo. Foto de 2017.

1 **Observe a xilogravura reproduzida na página 26 e responda no caderno.**

a) O que está representado nela?

b) De que modo os indígenas conseguiam ferramentas como as da xilogravura?

c) Como é chamado o sistema de troca de trabalho por produtos?

2 **Preencha o quadro abaixo.**

	Nome dado ao pau-brasil	O pau-brasil servia para...
Indígenas		
Portugueses		

Vamos falar sobre...

Preservação das florestas

No passado, não havia a preocupação com a preservação do meio ambiente. Durante um longo período, as florestas foram desmatadas ou queimadas sem controle e sem a preocupação com o replantio. Assim, ao longo do tempo, grande parte da Mata Atlântica, floresta nativa do litoral brasileiro, foi desaparecendo.

Hoje, existem leis ambientais que regulamentam o uso e o corte das florestas, além de campanhas para conscientizar as pessoas. No entanto, permanecem os conflitos, pois não existe consenso — ou seja, nem todos os países, instituições, etc. concordam com as políticas ambientais atuais.

- **Converse com os colegas e o professor: O que podemos fazer para ajudar a preservar as florestas? Na cidade ou na região onde você vive existem campanhas para conscientizar as pessoas sobre o desmatamento?**

A administração portuguesa no Brasil

No início do século XVI, além de explorar as terras que hoje formam o Brasil, os portugueses decidiram povoá-las. Em sua opinião, por que isso aconteceu?

Nos primeiros trinta anos de exploração do território que hoje corresponde ao Brasil, o pau-brasil foi a principal mercadoria e fonte de riqueza de portugueses e de franceses. Os dois povos disputavam a posse do território e faziam alianças com os indígenas para garantir a exploração dessa árvore.

Assim como outros europeus, os franceses defendiam o direito à posse da terra para quem a ocupasse. Eles percorreram e exploraram todo o litoral.

Diante das ameaças de invasão do território, os portugueses, a partir de 1532, decidiram tomar posse efetiva das terras, dando início a uma política de povoamento que resultou na fundação das primeiras vilas e cidades.

O primeiro governador-geral do Brasil, o português Tomé de Sousa, introduziu, a mando da Coroa, um conjunto de medidas para administrar o território: a defesa do litoral e do interior, a distribuição de terras e de gado aos **colonos** e a implantação de engenhos de açúcar, além da fundação da cidade de Salvador.

colono: aquele que habita uma colônia (território dominado por outra nação).

Rubens Chaves/Pulsar Imagens

A cidade de Salvador foi fundada para ser a capital da colônia e também para servir de ponto de apoio à navegação entre a Europa (consumidora) e o Oriente (produtor de mercadorias e matéria-prima). Na foto, de 2016, painel de azulejo português em Salvador, na Bahia, representando a chegada de Tomé de Sousa ao Brasil, em 1549.

Leia

Naná descobre o céu

A catequização dos indígenas

Os primeiros jesuítas missionários, que tinham a função de difundir a fé católica entre os indígenas, vieram de Portugal em 1549, com a comitiva de Tomé de Sousa. A religião católica era parte importante dos valores portugueses, e o objetivo dos jesuítas era **catequizar** os indígenas. Para isso, esses missionários estabeleciam contato com as comunidades indígenas e cumpriam a missão de ensinar o catolicismo aos nativos.

catequizar: ensinar uma doutrina religiosa.

Os jesuítas foram responsáveis pela fundação de colégios na colônia: em São Paulo (1554), na Bahia (1556) e no Rio de Janeiro (1568).

1 **Relacione as palavras abaixo a cada frase.**

A. Indígenas **B.** Portugueses **C.** Franceses **D.** Jesuítas

☐ Adotaram medidas para tomar posse definitiva do território e povoá-lo.

☐ Tinham como objetivo ensinar a fé católica aos indígenas.

☐ Defendiam o direito à posse da terra para quem a ocupasse.

☐ Faziam parcerias com os europeus interessados na exploração do pau-brasil.

2 **Observe a pintura e converse com os colegas sobre as questões.**

Missionários ensinando índios, de Henrique Bernardelli, s/d (óleo sobre tela, de 59 cm × 47 cm). O primeiro passo na tarefa dos jesuítas era educar jovens e crianças. Esses missionários aprendiam as línguas indígenas e usavam a música e o teatro para facilitar a conversão religiosa.

a) Quais são os personagens representados na pintura?

b) Qual era a intenção dos missionários portugueses ao ensinar as crianças indígenas a cantar?

Fazendo História!

Registrando o Brasil: mapa

A partir de 1500, os primeiros mapas com a representação do território do continente americano e das terras que formariam o Brasil começaram a ser publicados na Europa.

Reprodução/Coleção do Instituto de Estudos Brasileiros da USP, São Paulo, SP.

Brasil, de Giovanni Battista Ramusio, 1556 (xilogravura aquarelada à mão, de 27 cm × 38 cm). O mapa retrata a viagem do navegador francês Jean Parmentier pela costa brasileira. Nele podemos observar os indígenas extraindo e carregando toras de pau-brasil. As notícias da América, que descreviam hábitos e costumes dos povos nativos e a natureza de lugares até então desconhecidos dos europeus, despertaram muita curiosidade na época.

1 Observe a imagem e responda.

a) Como denominamos esse tipo de documento representado na xilogravura? Em que século ele foi produzido?

b) Qual é a atividade desempenhada pela maior parte das pessoas representadas?

c) Como o pau-brasil era transportado para a Europa?

d) Quem se ocupava da tarefa de extrair e transportar o pau-brasil até as embarcações?

2 Com base na xilogravura da página 30, escreva no caderno o que podemos descobrir sobre os hábitos e costumes dos habitantes e sobre a natureza do Brasil em meados do século XVI. Compare sua análise com a dos colegas.

3 Observe o mapa da aldeia pataxó e responda às questões.

Brasil: aldeia pataxó em Minas Gerais

Anguthichay/Arariby/Jassanã/Manguahã/Kanátyo

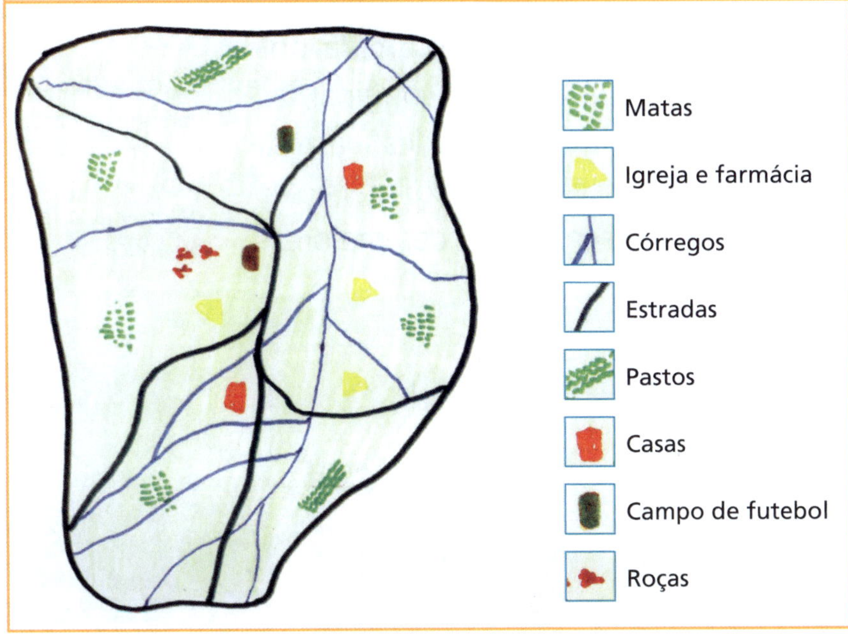

Representação, feita por criança, da aldeia indígena pataxó localizada no município de Carmésia, Minas Gerais. Publicada na obra **O povo pataxó e suas histórias**, de Angthichay e outros autores (São Paulo: Global, 2002).

a) Que lugar está representado no mapa?

....

b) O que podemos descobrir sobre essa aldeia com base na legenda?

....

....

....

c) Qual é a importância da legenda no mapa?

4 Agora você já sabe que um **mapa** representa o território de um país, de uma cidade, de um bairro ou de uma aldeia. O mapa nos ajuda na localização de lugares, do presente ou do passado.

- Em grupo, façam um mapa para representar o bairro onde está localizada a escola. Não se esqueçam de elaborar a legenda. Ao final, exponham o resultado no mural da escola para os colegas de outras turmas.

Rede do conhecimento

Mata Atlântica

Originalmente, a Mata Atlântica ocupava toda a extensão do litoral brasileiro, do atual Rio Grande do Norte até o atual Rio Grande do Sul.

Ela formava a segunda maior floresta tropical úmida do Brasil. Hoje, restam cerca de 7% de sua extensão original; a maior parte dessa área foi ocupada por grandes cidades, pastos e campos para a agricultura. Apesar de séculos de exploração e destruição, a Mata Atlântica ainda apresenta uma das maiores **biodiversidades** do planeta.

biodiversidade: conjunto de todas as espécies de seres vivos existentes em determinada região ou época.

Algumas espécies encontradas na Mata Atlântica

Marcos Amend/Pulsar Imagens

Pau-brasil, em Porto Seguro, na Bahia, 2016.

Marcos Amend/Pulsar Imagens

O muriqui-do-norte é um macaco corpulento. Considerando sua cauda, ele pode atingir o tamanho de 1,5 metro. Está na lista de espécies ameaçadas de extinção.

Edson Grandisoli/Pulsar Imagens

O sapo-cururu é o anfíbio mais comum na fauna brasileira. Pode medir até 15 centímetros e viver de 10 a 15 anos.

Marcos André/Opção Brasil Imagens

O jacaré-de-papo-amarelo pode viver mais de 50 anos. Um adulto dessa espécie atinge 2,5 metros de comprimento. Já esteve na lista de espécies ameaçadas de extinção.

Ary Bassous/Tyba

O peixe-dourado é considerado o "rei dos rios". Vive em torno de 15 anos e pode medir até 75 centímetros.

Fabio Colombini/Acervo do fotógrafo

Palmeira-juçara no Parque Nacional de Itatiaia, Rio de Janeiro, 2017.

Um elemento fundamental para a rica biodiversidade dessa floresta é a abundância de água. Nela também ocorrem muitas chuvas. Na foto, vista de trecho de Mata Atlântica em Piraquara, no Paraná, em 2017.

Devastação

- Antigamente ela era causada pela exploração do pau-brasil e do ouro, pela atividade pecuária e pelas lavouras de cana-de-açúcar e café.
- Hoje é provocada por caça e pesca predatórias, expansão da agropecuária e da indústria, turismo e processo de urbanização (em alguns casos, crescimento urbano desordenado). Na foto, fragmento de Mata Atlântica e campo de plantação de soja. Bragança Paulista, São Paulo, 2017.

Edson Grandisoli/Pulsar Imagens

Edson Grandisoli/Pulsar Imagens

As **Unidades de Conservação** (UCs) são áreas definidas pelo poder público para a proteção e a preservação da biodiversidade local. O Parque Estadual Carlos Botelho é uma UC localizada no estado de São Paulo. Na imagem, área de Mata Atlântica em São Miguel Arcanjo, São Paulo, 2017.

Medidas tomadas para a conservação da Mata Atlântica:

- Fiscalização da caça, da pesca, da posse de animais em cativeiro e do comércio ilegal de espécies silvestres.
- Programas de educação ambiental e criação de leis que garantam sua preservação.

Na Mata Atlântica encontramos diferentes comunidades tradicionais: praieiros, jangadeiros, pescadores artesanais, caiçaras, ribeirinhos, indígenas e quilombolas. Essas comunidades são muito importantes para a preservação da natureza, pois têm um modo de vida que não agride o meio ambiente e possuem conhecimentos únicos sobre a floresta e seus recursos. O extrativismo que praticam (pesca, colheita de frutos e de sementes, retirada de fibras de plantas para artesanato e de ervas medicinais da floresta para preparo de remédios, coleta de crustáceos e moluscos para alimentação) ocorre de forma sustentável, ou seja, extraem-se pequenas quantidades sem prejudicar o ambiente, fazendo replantio. Na foto, caiçara esculpe canoa em Parati, no Rio de Janeiro, 2016.

Edson Sato/Pulsar Imagens

Vamos retomar

1 Reveja na página 33 as comunidades tradicionais que vivem na Mata Atlântica. Anote no caderno exemplos de como elas se relacionam com o meio ambiente.

2 **Reúnam-se em grupos e pesquisem uma espécie vegetal e outra animal originárias da Mata Atlântica que correm risco de extinção.**

- O resultado da pesquisa deve ser organizado em um cartaz e exposto no mural da sala de aula.

3 **Complete a ficha sobre a exploração do pau-brasil logo após a chegada dos europeus ao território onde hoje é o Brasil.**

Pau-brasil

- Onde era encontrado.

....

....

- Para onde era levado.

....

....

- Como era transportado.

....

....

- Quem fazia o trabalho de exploração da madeira.

....

....

- Onde a madeira era armazenada para ser negociada.

....

....

....

4 **Complete a frase com as palavras em destaque.**

trabalho | indígenas | europeus | produtos

Os .... ofereciam aos .... diversos .... em troca de seu ....

- Responda: Como se chama esse sistema de troca?

....

Autoavaliação

Terminamos a unidade 2! Leia as frases abaixo e faça um **X** no desenho que melhor expressa sua opinião sobre cada uma delas.			
1. Aprendi que a extração do pau-brasil foi uma fonte de riqueza para os portugueses no passado.			
2. Compreendo a catequização dos indígenas como parte do processo de colonização.			
3. Aprendi o que é e onde se localiza a Mata Atlântica.			
4. Reconheço um mapa e sei identificar e interpretar legendas.			
5. Consigo relacionar o problema do desmatamento no presente com a exploração da Mata Atlântica no passado.			

Sugestões

Para ler

- **Naná descobre o céu**, de José Roberto Torero e Marcus Aurelius Pimenta, Companhia das Letrinhas.

Naná é uma criança guarani que tem a altura de dois macacos em pé e gosta de brincar com seu amigo Tatá. Mas sua vida muda drasticamente com a chegada do padre Inácio à aldeia.

Companhia das Letrinhas/Arquivo da editora

WMF Martins Fontes/Arquivo da editora

- **Pau-Brasil**, de Regina Casé e Estevão Ciavatta, Martins Fontes.

Com base no programa de televisão **Um pé de quê?**, os autores falam das origens, dos aspectos botânicos, das características físicas e da importante participação do pau-brasil na história do Brasil, a ponto de se tornar a árvore símbolo do país.

UNIDADE

3 O trabalho no campo

Kenz Nguyen/Shutterstock

Nesta unidade você vai:

- Conhecer a origem da agricultura e da criação de animais.
- Entender a importância da agropecuária para a nossa vida.
- Saber para que servia um engenho de cana-de-açúcar.
- Conhecer o cultivo do cacau, a matéria-prima do chocolate.

Observe a fotografia e converse com os colegas e o professor.

1. O arroz passou a ser cultivado cerca de 8500 anos atrás e ainda é um alimento muito importante na cultura e na alimentação de vários países. Você consome arroz no seu dia a dia?
2. Além do arroz, outros grãos cultivados há milhares de anos são o trigo (há cerca de 10 mil anos) e o milho (há cerca de 5 mil anos). Em uma folha à parte, faça uma linha do tempo dispondo em ordem crescente as datas em que esses alimentos passaram a ser cultivados e escrevendo o nome deles.

Plantação de arroz em Lao Cai, no Vietnã, em 2017.

O surgimento da agricultura e da criação de animais

Leia
Pequenas histórias de plantar e de colher

Você sabe como os seres humanos viviam e se alimentavam antes do desenvolvimento da agricultura?

Antes de surgirem as primeiras técnicas de cultivo e de domesticação de animais, os seres humanos viviam em pequenos grupos. Eles se alimentavam da caça, da pesca e de frutas e plantas que colhiam na natureza. Como tinham necessidade de se deslocar constantemente em busca de comida, não tinham um lugar fixo para morar. Eram, portanto, **nômades**.

Cerca de 10 mil anos atrás, o ser humano aprendeu que podia cultivar plantas a partir dos grãos que coletava na natureza. Ele começou a selecionar as sementes que melhor atendiam às suas necessidades e que se adaptavam bem ao clima da região onde vivia. Entre os alimentos cultivados estavam o trigo, o milho, o arroz, a batata e a cevada. O ser humano descobriu ainda que podia domesticar alguns animais, como bois, ovelhas e cabras. Esses animais ajudavam no trabalho e deles eram retirados a carne para a alimentação, o couro para fazer roupas e os ossos para produzir ferramentas e armas. Esse momento foi muito importante na História. O plantio de vegetais e a criação de animais permitiram que os seres humanos se fixassem em uma região, deixando de ser nômades para se tornar **sedentários**. Com o passar do tempo, a população aumentou e cidades começaram a ser formadas.

sedentário: aquele que tem moradia fixa.

The Bridgeman Art Library/Glow Images

Pintura produzida no Egito por volta de 1567 a.C. a 1320 a.C.

1 **Observe a pintura da página anterior.**

a) O que os seres humanos representados nela estão fazendo?

b) Você acha que o cultivo do trigo ainda é feito da mesma maneira?

2 **Leia o texto e responda às questões.**

> Nas pequenas fazendas e plantações, o trabalho diário tinha de seguir uma programação mais rígida que nos dias de vida nômade. Se era hora de capinar, de cavar ou de semear, a oportunidade tinha de ser aproveitada – ou poderia ser perdida. A nova forma de vida exigia uma disciplina e uma sucessão de obrigações que contrastavam com a liberdade dos coletores e caçadores.
>
> BLAINEY, Geoffrey. **Uma breve história do mundo**. São Paulo: Fundamento, 2008. p. 32.

a) Qual é a diferença entre o estilo de vida dos caçadores-coletores e o dos agricultores?

b) Se você vivesse naqueles tempos, preferiria ser um caçador-coletor nômade ou um agricultor sedentário? Por quê?

A importância da agropecuária

Você sabe como são produzidos os alimentos e outros produtos que consumimos? Obtemos grande parte do que é indispensável para nossa vida por meio do cultivo da terra e da criação de animais – ou seja, da **agropecuária**. Alguns exemplos são:

- os alimentos que nos sustentam diariamente: carnes, laticínios, cereais, frutas, verduras, etc.;
- grande parte das roupas e dos cobertores que nos vestem e nos aquecem, como os feitos de algodão e de lã;
- combustíveis como etanol e biodiesel, que utilizamos para obter energia para nossos carros e máquinas.

Vitor Marigo/Opção Brasil Imagens

Plantação de verduras orgânicas em Visconde de Mauá, no estado do Rio de Janeiro. Foto de 2017.

Na agricultura orgânica, são utilizados métodos naturais para o cultivo de alimentos e o controle de pragas. Produtos químicos artificiais, considerados prejudiciais à saúde e ao meio ambiente, não são utilizados nesse tipo de agricultura.

Ainda hoje, grande parte do nosso território é ocupada por plantações e pastos para a criação de animais. O Brasil é um dos maiores fornecedores de produtos como soja, café, milho, cana-de-açúcar, leite e carnes para diversas partes do mundo.

Vamos falar sobre...

Agropecuária orgânica

A agropecuária tradicional utiliza diversos produtos que poluem o meio ambiente e geram riscos para a saúde, como **pesticidas** e **fertilizantes** sintéticos. A agropecuária orgânica utiliza métodos naturais para a fertilização da terra, o controle de pragas e a alimentação dos animais. Com isso, alimentos mais saudáveis são produzidos. Os alimentos orgânicos geralmente são cultivados em pequenas propriedades familiares e vendidos em feiras e estabelecimentos regionais.

pesticida: substância química que combate as pragas.
fertilizante: qualquer substância capaz de acrescentar nutrientes ao solo, aumentando a produtividade agrícola ou vegetal.

- **Converse com os colegas: Você e sua família costumam consumir produtos orgânicos?**

1. Assinale na lista abaixo apenas os produtos que são derivados da atividade agropecuária.

- [ ] Camiseta de algodão
- [ ] Panela de alumínio
- [ ] Blusa de tecido sintético
- [ ] Carne de boi
- [ ] Óleo de soja
- [ ] Pasta de grão-de-bico
- [ ] Livro
- [ ] Caneta
- [ ] Bota de couro
- [ ] Vaso de cerâmica
- [ ] Computador
- [ ] Gasolina

2. Muitas pessoas precisam trabalhar para que o feijão chegue à nossa mesa. Complete o diagrama com o nome desses profissionais.

1. Trabalhador rural que colhe o feijão.

Agricultor

2. Carrega o caminhão, que transporta o produto.

....

3. Vende o produto para o comerciante.

Atacadista

4. Vende o feijão em feiras e mercados.

....

5. Prepara o feijão em casa, bares e restaurantes.

....

Ilustrações: Carlos Bourdiel/ Arquivo da editora

O engenho de cana-de-açúcar

Você sabe de onde vem o açúcar que usamos diariamente? O que ele tem de semelhante com o álcool que abastece os automóveis?

Há cerca de 300 anos, a cana-de-açúcar era a principal fonte de riqueza do Brasil. Cidades como Olinda, Recife (ambas em Pernambuco) e Salvador (na Bahia) enriqueceram com a transformação da cana-de-açúcar em açúcar, feita em engenhos com **trabalho escravo**.

trabalho escravo: trabalho forçado, realizado em condições desumanas e geralmente sem remuneração.

Assista

Brasil 500 anos: O Brasil colônia na TV

Em um engenho, havia uma ou mais moendas, a casa de fornalhas, a casa de cobres e os galpões. Essas instalações eram usadas por trabalhadores escravizados e livres para produzir açúcar a partir da cana-de-açúcar. Depois de produzido, o açúcar era encaixotado, embarcado e vendido nos mercados europeus. O produto rendia grandes lucros aos proprietários dos engenhos – chamados **senhores de engenho** – e aos comerciantes.

Detalhe de gravura em cobre de Frans Post, 1674. Os portugueses eram os proprietários dos engenhos na colônia. O açúcar feito nesses locais era uma mercadoria rara e muito valorizada na Europa, onde era vendido. Durante um período, o Brasil foi o maior produtor mundial de açúcar.

1 Leia a estrofe de um poema de Ferreira Gullar e observe a fotografia.

[...]
O branco açúcar que adoçará
[meu café
nesta manhã de Ipanema
não foi produzido por mim
nem surgiu dentro do açucareiro
[por milagre.
[...]

GULLAR, Ferreira. O açúcar. Em: **Toda poesia** (1950-1999). Rio de Janeiro: José Olympio, 2009. p. 165.

Célio Messias/Folhapress

Com o avanço tecnológico, a produção do açúcar se modernizou. Atualmente, ele é produzido por grandes usinas, que também produzem álcool a partir da cana-de-açúcar. Nessas usinas, os funcionários recebem salário pelo seu trabalho. Na foto, usina de processamento da cana-de-açúcar no município de Guaraci, em São Paulo, em 2017.

a) Que produto é tema desse poema? Qual é a matéria-prima utilizada para sua produção?

b) Complete o quadro.

	Engenhos há 300 anos	Usinas atuais
Matéria-prima		
Produto final		
Mão de obra		

Cacau: matéria-prima do chocolate

A partir da década de 1770, o plantio de café, de cacau e de algodão ganhou destaque no Brasil.

O cacau é a matéria-prima do chocolate. Ele se desenvolveu primeiro na região da Amazônia e, mais tarde, chegou ao sul da Bahia, onde ainda é cultivado.

Tales Azzi/Pulsar Imagens

Cacaueiro carregado de frutos em plantação de cacau em Ilhéus, na Bahia. Foto de 2016.

Hoje o Brasil é um dos maiores produtores mundiais de cacau e de chocolate.

Na região da Amazônia, a produção de cacau mantém o sustento de diversas famílias nativas, sem agredir o meio ambiente.

1 Leia os dados da tabela.

Maiores produtores de cacau no mundo (2013-2014)		
Posição	País	Produção (toneladas por ano)
1º lugar	Costa do Marfim	1 486 mil
2º lugar	Gana	879 mil
3º lugar	Indonésia	440 mil
4º lugar	Nigéria	245 mil
5º lugar	Brasil	220 mil
6º lugar	Camarões	207 mil

ICCO Quarterly Bulletin of Cocoa Statistics. v. XL. n. 4. Cocoa year 2013/2014. Publicado em novembro de 2014.

a) O que essa tabela apresenta?

....

b) Pinte na tabela a posição que o Brasil ocupa e sua produção.

2 **Em grupo, pesquisem os três países que são os maiores consumidores de chocolate do mundo atualmente.**

- Selecionem fontes de pesquisa, como revistas e *sites*.
- Organizem os dados obtidos na tabela a seguir.
- Escolham um título para a tabela.
- Citem a fonte dos dados pesquisados.

Título: ....

Posição	País	Consumo
1º lugar	....	....
2º lugar	....	....
3º lugar	....	....

....

....

....

Vamos retomar

1 **Leia o texto e responda às questões.**

> [...]
>
> O município de Ilhéus, com suas belas praias, também leva fama de ser a terra do cacau e não é por acaso. Quase todo agricultor já se aventurou na lavoura cacaueira. [...]
>
> Uma das principais formas para o cultivo do cacau orgânico é o sistema cabruca. O cacau é plantado debaixo da Mata Atlântica, o que garante umidade e a produção de matéria orgânica para a planta.
>
> No sistema cabruca, parte da mata dá espaço para o cacau, que é plantado nos morros, em curva de nível, ou seja, em linhas horizontais, o que segura a água da chuva e por consequência a matéria orgânica. O mato que fica na lavoura e as folhas do próprio cacaueiro servem de adubo [...].
>
> VIEIRA, Cristina. Agricultores trabalham para modernizar a lavoura de cacau na BA. Disponível em: <http://g1.globo.com/economia/agronegocios/noticia/2016/04/agricultores-trabalham-para-modernizar-lavoura-de-cacau-na-ba.html>. Acesso em: outubro de 2017.

a) Qual é o tema do texto?

....

....

b) Como funciona o sistema cabruca?

....

....

....

c) Cite alguns produtos feitos a partir do cacau.

2 **Assinale a(s) frase(s) correta(s).**

- [ ] Há cerca de 10 mil anos, o ser humano começou a praticar a agricultura e a domesticação de animais.
- [ ] Havia grupos de caçadores e coletores que não eram nômades, e sim sedentários.
- [ ] A domesticação de plantas e animais permitiu o aumento da população, mas não tem ligação com o desenvolvimento das cidades.

Autoavaliação

Terminamos a unidade 3! Leia as frases abaixo e faça um **X** no desenho que melhor expressa sua opinião sobre cada uma delas.

1. Conheci a origem da agricultura e da criação de animais.			
2. Entendi a importância da agropecuária para a nossa vida.			
3. Aprendi para que servia um engenho de cana-de--açúcar.			
4. Conheci o cultivo do cacau, a matéria-prima do chocolate.			

Sugestões

Para ler

- **Pequenas histórias de plantar e de colher,**
  de Ruth Helena Bellinghini, FSC.
  O livro trata da importância da agricultura para a história da civilização. Aborda os impactos sociais, econômicos e culturais da atividade agrícola ao longo da História. Pode ser baixado gratuitamente do *site*: <http://andefedu.hospedagemdesites.ws/uploads/img/livro/arquivo/plantar_colher06mar.pdf>. Acesso em: maio de 2018.

Reprodução/Associação Nacional de Defesa Vegetal (Andef).

Para assistir

- **Brasil 500 anos: O Brasil colônia na TV. Episódio II: Cana de mel, preço de fel.** Disponível em: <www.dominiopublico.gov.br/download/video/me000824.mp4>. Acesso em: maio de 2018.
  A história do Brasil colônia no contexto do ciclo do açúcar nos engenhos nordestinos narrada por artistas e pelo teatro de bonecos.

Reprodução/<http://tvescola.mec.gov.br/tve/video?idItem=4127>

UNIDADE

4 Da África para o Brasil

Nesta unidade você vai:

- Conhecer as condições em que os africanos escravizados foram transportados para o Brasil e o tipo de trabalho que realizavam aqui.
- Reconhecer e valorizar a contribuição dos povos africanos para a formação do povo brasileiro.
- Reconhecer na cultura brasileira características da cultura de alguns povos africanos.
- Compreender a relação entre a resistência dos escravizados no passado e as comunidades quilombolas remanescentes no presente.

Observe a fotografia, leia a legenda e converse com os colegas e o professor sobre as questões.

1. Você sabe qual é a relação entre a presença da capoeira na cultura brasileira atual e a escravidão no passado?
2. Você conhece outras manifestações culturais afro-brasileiras? Quais?

A capoeira é uma manifestação cultural afro-brasileira presente em todo o Brasil e em mais de 150 países. Desde 2008, a roda de capoeira é considerada patrimônio cultural imaterial da humanidade. Na foto, homens jogando capoeira em Jijoca de Jericoacoara, no estado do Ceará, em 2011.

tunart/Getty Images

Do lado de lá do Atlântico

Leia
Saudades da África

Leia esta afirmação: O Brasil tem a maior população negra fora da África. Agora, converse com os colegas: O que explica esse fato?

O continente africano é muito grande. Ele é ocupado por diferentes povos com hábitos, costumes e idiomas distintos, além de uma cultura muito rica e diversificada.

O tráfico de escravizados da África para o continente americano teve início há cerca de 500 anos. Africanos de lugares que atualmente correspondem a Cabo Verde, Angola, Sudão e Moçambique, por exemplo, foram capturados, atravessaram o oceano Atlântico e chegaram ao Brasil na condição de escravizados.

Os africanos trouxeram idiomas, rituais religiosos, culinária, músicas, danças e outros elementos que, com o passar do tempo, enriqueceram a cultura brasileira.

Johann Moritz Rugendas/Fundação Biblioteca Nacional, Rio de Janeiro, RJ.

Jogar capoeira, de Johann Moritz Rugendas, século XIX (litografia colorida à mão, de 35,5 cm × 51 cm). A capoeira é uma arte marcial desenvolvida no Brasil pelos africanos escravizados. Hoje ela é bastante reconhecida como parte da cultura afro-brasileira e valorizada internacionalmente.

Entre os séculos XVI e XIX, o número de africanos trazidos à força para o Brasil chegou a quatro milhões.

As principais atividades dos africanos escravizados foram a produção de açúcar, algodão, cacau e café e o trabalho nas lavras de ouro e diamante, além dos serviços domésticos. Viviam em **senzalas** ou trabalhavam como **escravos de ganho**.

senzala: alojamento que abrigava os escravizados.
escravo de ganho: escravizado que realizava tarefas como vender produtos e prestar serviços nas cidades. A maior parte do dinheiro recebido por ele era entregue diariamente ao senhor.

1 Observe as imagens e responda às questões.

Reprodução/Coleção particular

Barbeiros ambulantes, de Jean-Baptiste Debret, 1834-1839 (litografia colorida à mão, de 49 cm × 34 cm).

Alberto Henschel/Coleção particular

Babá negra e criança branca, em Pernambuco, 1874.

Reprodução/Museus Castro Maya, Rio de Janeiro, RJ.

O colar de ferro, de Jean-Baptiste Debret, 1834-1839 (aquarela, de 33 cm × 53 cm).

a) Qual(is) imagem(ns) mostra(m) um escravo de ganho?

b) O que há em comum entre todas as imagens?

Do lado de cá do Atlântico

Os africanos eram trazidos ao Brasil em navios negreiros. Mulheres e crianças eram transportadas em compartimentos diferentes daqueles em que ficavam os homens. Essas viagens tinham péssimas condições. Os africanos ficavam acorrentados e amontoados no porão desses navios. A travessia durava meses, e eles ainda sofriam com a alimentação escassa, os maus-tratos, a sujeira e as doenças. Muitos morriam no trajeto.

Robert Walsh e T. Kelly/Coleção particular

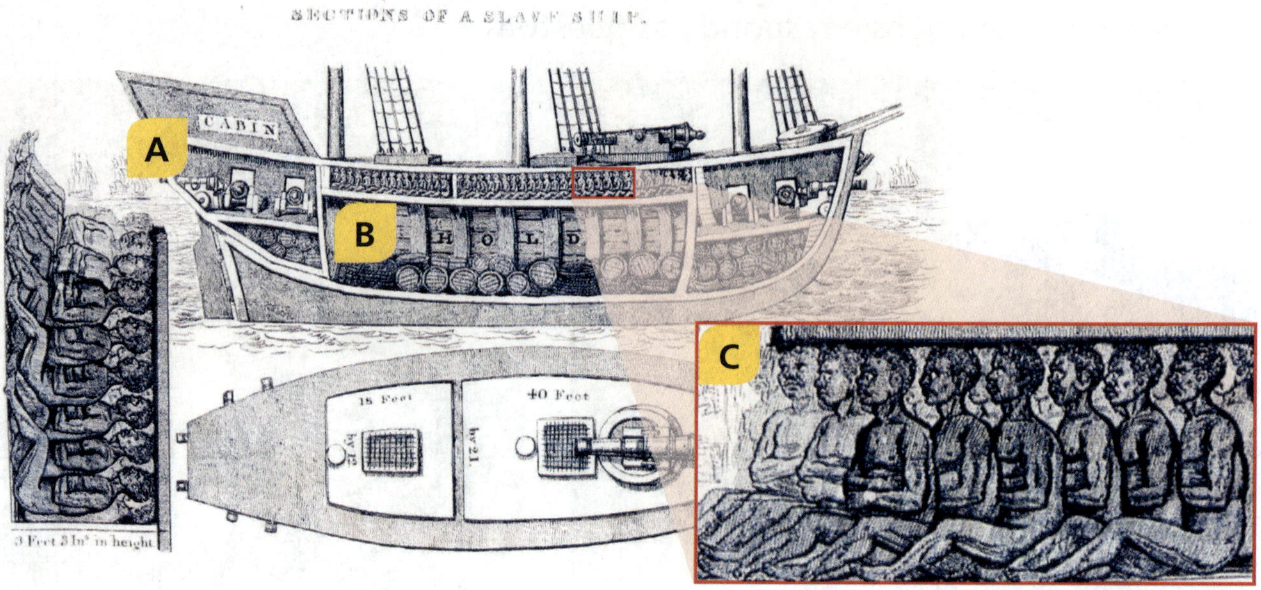

Corte de um navio negreiro, litografia de T. Kelly, que ilustra a obra **Notices of Brazil in 1828 and 1829**, de Robert Walsh. **A**: cabina; **B**: porão de carga; **C**: compartimento dos escravizados.

O mercado de escravizados

Os africanos escravizados que sobreviviam à viagem eram encaminhados ao chamado "mercado de escravos", onde aguardavam para ser vendidos. No século XIX, esse local no Rio de Janeiro era conhecido como mercado do Valongo.

Leia a descrição feita por um alemão que esteve nessa cidade, em 1832:

> Depois de pagar por cabeça determinada tarifa, que produz uma renda valiosa para o governo, estes escravos são expostos à venda como mercadoria em uma rua apropriada chamada Valongo, onde se examina durante a escolha cada parte do corpo e observa rigorosamente se os escravos não estejam atacados de moléstias de pele ou males incuráveis.
>
> RODRIGUES, Jaime. Festa na chegada: o tráfico e o mercado de escravos do Rio de Janeiro. In: SCHWARCZ, Lilia Moritz; REIS, Letícia Vidor de Souza (Org.). **Negras imagens**: ensaios sobre cultura e escravidão no Brasil. São Paulo: Edusp, 1996. p. 102-103.

Depois de vendidos, os africanos começavam uma vida de trabalho forçado em companhia de outros africanos e afrodescendentes escravizados.

1 O tráfico de africanos era uma atividade muito lucrativa. Quem enriquecia com esse comércio?

....

....

....

2 **Observe a litografia da página 52 e responda às questões no caderno.**

a) Como os africanos eram trazidos da África para o Brasil?

b) Em que condições os africanos eram trazidos nas embarcações?

3 **Observe a litografia ao lado.**

a) Qual é o lugar representado na litografia? O que acontecia nesse lugar?

b) Que elementos indicam quem está comprando e quem está sendo vendido?

Jean-Baptiste Debret/Museus Castro Maya, Rio de Janeiro, RJ.

Mercado da rua do Valongo, de Jean-Baptiste Debret, 1834-1839 (litografia colorida à mão, de 49 cm × 34 cm).

Vamos falar sobre...

Diversidade e preconceito

No Brasil, convivem diferentes tipos de pessoas: brancos, negros, indígenas, orientais, entre outros. Por isso, dizemos que nosso país é multicultural. Todas essas pessoas possuem os mesmos direitos e deveres e devem ser respeitadas. No entanto, algumas sofrem preconceito por causa de sua origem, de sua etnia ou da cor de sua pele. Isso acontece ainda hoje, por exemplo, com os descendentes dos africanos que foram escravizados e trazidos ao Brasil a partir do século XVI.

A diversidade é uma das maiores riquezas do nosso país e deve ser valorizada.

- **Que atitudes podem ser tomadas para acabar com o preconceito?**

Contos africanos: história de animação

Assistir a desenhos animados pode ser uma maneira de conhecer outros povos e culturas. A animação **Kiriku e a feiticeira**, criada por Michel Ocelot, foi baseada em uma história tradicional da Guiné, na costa ocidental da África. O diretor e roteirista francês viveu parte da infância nesse país africano, onde conheceu a lenda de Kiriku e muitas outras tradições.

Kiriku nasceu na África ocidental. Ele é um menino especial, inteligente, curioso e bem pequeno – seu tamanho não chega aos joelhos de um adulto. Contudo, decide enfrentar o grande desafio de encarar a feiticeira Karabá, que transformou a vida da aldeia: secou as águas das fontes, confiscou o ouro e sumiu com todos os homens que ousaram enfrentá-la. Kiriku quer livrar sua comunidade do sofrimento e, para isso, procura a raiz do problema: Por que a feiticeira é má? Para descobrir a resposta, o menino parte em busca do velho sábio que vive isolado na montanha proibida. E esse velho sábio é avô de Kiriku, ou seja, seu ancestral.

Por meio dessa história podemos entrar em contato com o modo de vida, a música, os hábitos e as tradições de uma região do continente africano.

Les Armateurs/Mary Evans/Ronald Grant/Diomedia

Cena da animação francesa **Kiriku e a feiticeira**, lançada em 1998.

1 Com base nas informações sobre **Kiriku e a feiticeira,** responda às questões.

Ouça
África

a) Quais são as características do personagem principal? Que decisão ele toma com relação à sua aldeia?

b) Qual é a relação entre o menino e o sábio da montanha?

2 Observe a fotografia e leia a legenda. Depois, responda à questão.

Mike Goldwater/Alamy/Latinstock

Aldeia em Guiné, na África ocidental, em 2015.

- Qual é a relação entre o cotidiano de algumas aldeias africanas e o que aparece na animação de Michel Ocelot?

3 Pesquisem uma história tradicional do continente africano e respondam às questões a seguir em uma folha à parte. Depois, contem à turma a história que vocês escolheram.

- Qual é o assunto da história?
- Qual é seu personagem principal? E quais são os demais personagens?
- Onde a história se passa?

A riqueza do açúcar no Brasil

Na sua opinião, quem plantava, colhia e moía a cana-de-açúcar, depois encaixotava e carregava o açúcar até os navios no Brasil do século XVI?

No século XV, Portugal já havia conquistado a costa ocidental da África e de lá trouxera a experiência com os engenhos de açúcar e a mão de obra escravizada. Os primeiros engenhos de açúcar surgiram no Brasil a partir de 1532, quando os portugueses deram início oficialmente à colonização e à ocupação do território. Nesse ano foi fundada a vila de São Vicente, o primeiro núcleo de população estável na colônia portuguesa. Até 1548 foram implantados seis engenhos nessa comunidade.

TRINDADE, Etelvina. **O trabalho nos engenhos**. São Paulo: Atual, 1999. p. 8.

Brasil: centros produtores de açúcar – séculos XVI e XVII

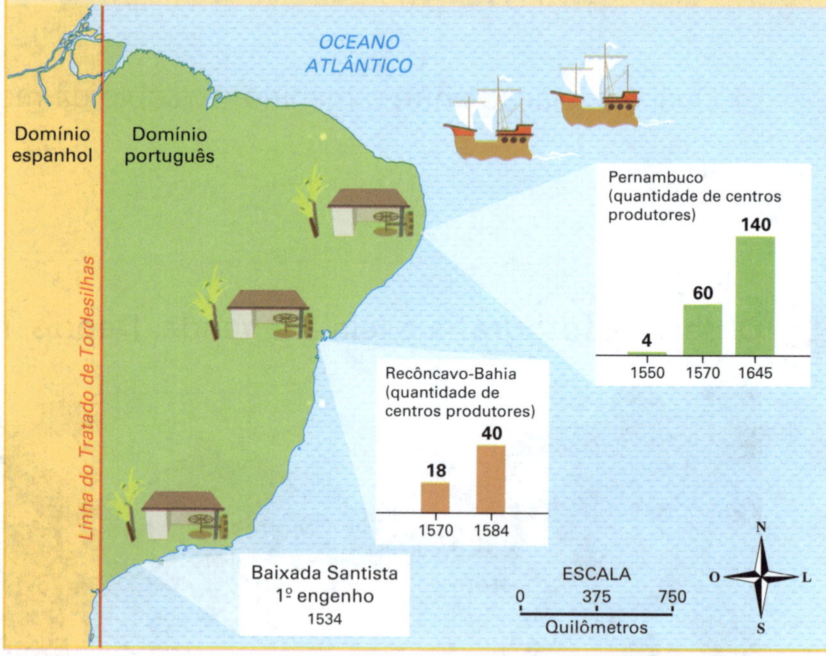

Produção de açúcar e trabalho escravo

No século XVI, o tráfico de africanos para o Brasil aconteceu ao mesmo tempo que os **donatários** instalavam os primeiros engenhos na colônia. Portanto, a produção de açúcar e o trabalho escravo permaneceram ligados durante muito tempo. No final do século XVI, o açúcar já era considerado a principal riqueza produzida no Brasil colonial.

donatário: pessoa de confiança do rei que recebia a doação de uma capitania hereditária.

Os escravizados não eram tratados todos da mesma forma e podiam realizar tarefas distintas. Os recém-chegados da África eram chamados de "boçais", enquanto os "ladinos" eram aqueles que já entendiam e falavam a língua portuguesa. Os escravos nascidos no Brasil desempenhavam as funções consideradas "melhores", como as tarefas domésticas e as de supervisão.

Leia a seguir um texto dos historiadores Mary del Priore e Renato Pinto Venâncio sobre como alguns escravizados conseguiram comprar sua liberdade:

> Aos africanos dava-se o trabalho mais árduo. Em contrapartida, muitos recebiam em **usufruto** parcelas de terra onde podiam cultivar, nos finais de semana e feriados, produtos agrícolas mais tarde revendidos. Tal comércio, ainda que pequeno fosse, permitiu a alguns comprar a própria liberdade.
>
> DEL PRIORE, Mary; VENÂNCIO, Renato Pinto. **O livro de ouro da história do Brasil**. Rio de Janeiro: Ediouro, 2001. p. 67-68.

usufruto: direito de utilizar um bem que pertence a outra pessoa.

Engenho, de Frans Post, 1661-1669 (óleo sobre tela, de 1,17 m × 1,67 m).

Quem lucrava com o açúcar?

Todas as etapas de produção do açúcar – o cultivo, a colheita e o beneficiamento – exigiam equipamentos caros e muitos trabalhadores. Por isso, a produção do açúcar só era rentável quando feita em grande quantidade. No engenho, a cana-de-açúcar era transformada em mercadoria – o açúcar –, que, depois de pronta, era encaixotada e vendida nos mercados europeus. Os senhores de engenho e os comerciantes eram quem lucrava com esse vantajoso comércio.

Durante os séculos XVI e XVII, Salvador, Olinda e Recife cresceram e se tornaram importantes em razão da produção do açúcar. Assim, Portugal manteve por muito tempo o domínio do comércio das especiarias – como a pimenta-da-índia, o cravo, a canela, entre outras vindas do Oriente – e do açúcar, produzido no Brasil.

1. **Leia com um colega o infográfico da página 56 e respondam às questões.**

a) Onde foi construído o primeiro engenho de açúcar?

....

b) Quantos centros produtores de açúcar surgiram na Bahia de 1570 a 1584?

....

c) Onde houve maior crescimento dos centros produtores de açúcar?

....

2. **Observe a gravura e leia a legenda.**

Engenho de açúcar, de Henry Koster, 1815 (gravura colorida, de 16,5 cm × 22,5 cm).

- Complete corretamente o texto com as expressões em destaque.

senhores de engenho | engenho de açúcar | africanos escravizados

A gravura mostra a estrutura do .... e o trabalho forçado dos ...., que, durante todo o período colonial, produziram essa mercadoria, que gerou enorme lucro aos .... e aos comerciantes europeus.

3 **Observe a linha do tempo abaixo. Ela mostra as transformações da região portuária do Valongo com o passar do tempo.**

Johann Moritz Rugendas/Coleção particular

1811

Cais do Valongo. O antigo mercado de escravos da rua Direita (atual 1º de Março) é transferido a pedido do vice-rei, marquês de Lavradio. O mercado de escravos cresce e se transforma em porta de entrada de cerca de 500 mil africanos vindos do Congo, de Angola e do centro-oeste africano.

1824-1830

O Memorial dos Pretos Novos foi construído onde funcionava o antigo Cemitério dos Pretos Novos. O termo "pretos novos" refere-se aos escravos recém-chegados ao Brasil. Estima-se que entre 20 mil e 30 mil africanos recém-chegados tenham sido enterrados nesse local, nesse período.

Eduardo Naddar/O Globo

Augusto Malta/Arquivo Geral da Cidade do Rio de Janeiro, Rio de Janeiro, RJ.

1911

O antigo Cais do Valongo é aterrado em razão das reformas urbanas do Rio de Janeiro nesse período, cujo principal marco é a abertura da avenida Central (atual avenida Rio Branco).

2011

Porto Maravilha. Obras de reurbanização da região portuária e do antigo Valongo se transformam em espaço arqueológico, histórico e cultural tombado pelo Patrimônio Histórico, revelando a história da ocupação dessa região ao longo do tempo. Abriga espaços abertos de lazer, museus, serviços e comércio de acordo com as novas necessidades do tempo presente.

Adilson B. Liporage/Opção Brasil Imagens

a) O antigo Cemitério dos Pretos Novos transformou-se radicalmente. Que função ele tem atualmente?

b) O antigo Cais do Valongo foi aterrado em 1911. Em 2011, um século depois, começaram as obras de revitalização. O que mudou? Podemos dizer que houve uma valorização da cultura africana? Discuta com os colegas e aponte exemplos da linha do tempo para justificar sua resposta.

Resistência negra: presente e passado

Durante mais de três séculos de escravidão, os negros escravizados lutaram para conquistar a liberdade. A resistência acontecia de diversas maneiras: boicote ao trabalho, fugas, formação de quilombos, rebeliões e até suicídios.

Assista

Brincando no Baobá: quilombo Kalunga

Muitas **comunidades quilombolas** existem ainda hoje. São constituídas pela população negra rural e se definem por suas relações com a terra e o território em que vivem e com os ancestrais que ali resistiram à escravidão.

O direito quilombola à terra

Pela legislação brasileira, as comunidades remanescentes de quilombos têm direito às terras que ocupam. É uma forma de reconhecer o passado e a luta dessas comunidades e de proteger sua cultura e seu modo de vida. Mas, na prática, **apenas uma pequena parcela dessas comunidades conseguiu o título de propriedade.**

Situação das terras de comunidades quilombolas (2017)

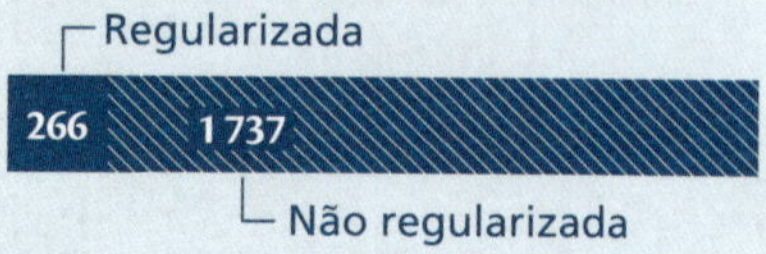

Veja ao lado a distribuição dessas comunidades pelas regiões do Brasil.

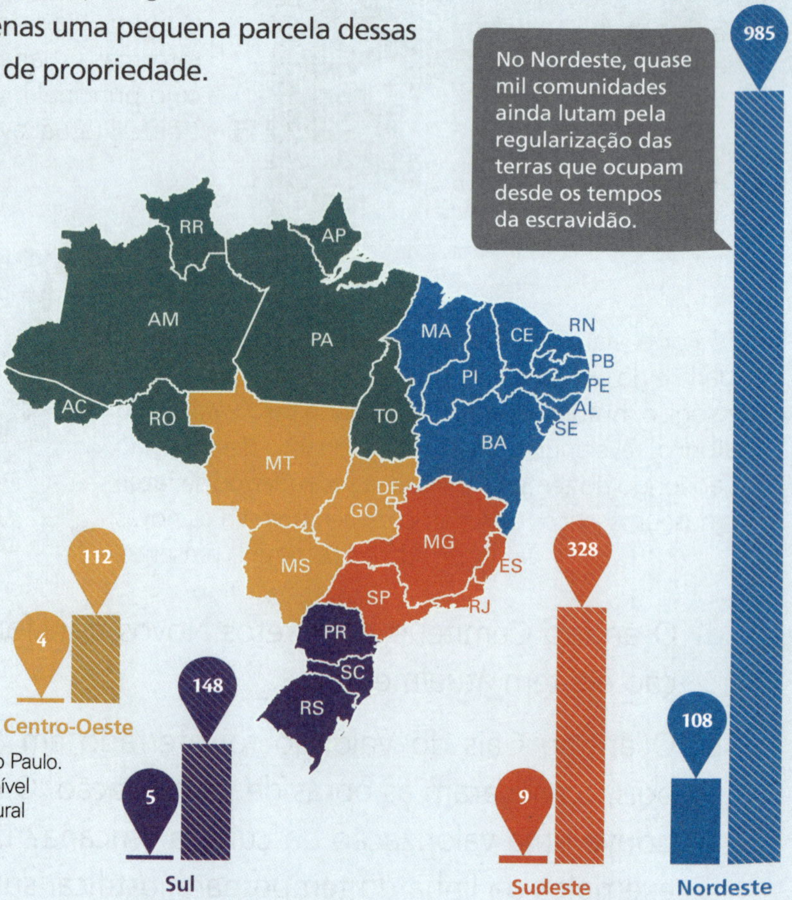

Fontes dos dados: Comissão Pró-Índio de São Paulo. Disponível em: <cpisp.org.br>; INCRA. Disponível em: <incra.gov.br/quilombola>; Fundação Cultural Palmares. Disponível em: <palmares.gov.br/>. Acessos em: 13 dez. 2017.

* Mapa meramente ilustrativo para fins didáticos.

1 Por que é importante reconhecer as comunidades remanescentes de quilombos, garantindo a propriedade das terras que essas comunidades ocupam?

2 Escolham e pesquisem uma comunidade quilombola na unidade da Federação em que vocês vivem. Exponham as informações em um cartaz.

A importância da terra para as comunidades quilombolas

A terra é o elemento central que determina a origem das comunidades quilombolas. Por isso, legalizar a propriedade garante a autonomia dessas comunidades. Em geral, as atividades econômicas nos quilombos estão relacionadas à agricultura, à coleta de recursos naturais, à pesca, ao **artesanato** e, mais recentemente, ao turismo.

Edson Sato/Pulsar Imagens

Morador da Comunidade Quilombola Camburi, em Ubatuba, São Paulo, confecciona cesto, em 2014. Reconhecida como remanescente quilombola, a comunidade já obteve a titulação de suas terras.

Marco Antonio Sá/AGE Fotostock/AGB Photo Library

Celebração da Festa de Nossa Senhora do Rosário no Quilombo Mangal/Barro Vermelho, localizado em Sítio do Mato, na Bahia. Foto de 2016.

Além disso, o reconhecimento da história de luta e resistência dessas comunidades é uma forma de **preservar tradições, culturas e valores ancestrais**.

Vamos retomar

1 Explique a frase: "A produção de açúcar e o trabalho escravo permaneceram ligados por muito tempo".

2 Observe a litografia de Jean-Baptiste Debret.

Jean-Baptiste Debret/Biblioteca Pública de Nova York, NY, EUA.

Cabeças de negros de diferentes nações, de Jean-Baptiste Debret, 1834-1839 (litografia colorida à mão, de 34 cm × 49 cm).

a) Aponte semelhanças e diferenças entre as pessoas representadas.

b) O que a diversidade de características dessas pessoas indica?

Autoavaliação

Terminamos a unidade 4! Leia as frases abaixo e faça um **X** no desenho que melhor expressa sua opinião sobre cada uma delas.

1. Conheci as condições em que os africanos escravizados foram transportados para o Brasil e o tipo de trabalho que realizavam aqui.			
2. Reconheço e valorizo a contribuição dos povos africanos para a formação do povo brasileiro.			
3. Reconheço na cultura brasileira características da cultura de alguns povos africanos.			
4. Compreendo a relação entre a resistência dos escravizados no passado e as comunidades quilombolas remanescentes no presente.			

Sugestões

Para ler

- **Saudades da África,** de Flávia Côrtes, Nova Espiral.

  A menina Iana e sua família são trazidas à força da África para o Brasil, viajando em um navio negreiro. Quando chegam aqui são separadas, vivendo em locais diferentes.

Nova Espiral/Arquivo da editora

Para assistir

- **Brincando no Baobá: quilombo Kalunga.**

  Disponível em: <www.ebc.com.br/infantil/2015/11/conheca-o-dia-dia-das-criancas-no-quilombo-kalunga>. Acesso em: maio de 2018.

  Assista ao vídeo disponível nesse *site* e conheça um pouco do cotidiano das crianças que vivem na região do Parque Nacional da Chapada dos Veadeiros, no estado de Goiás.

MCD/Arquivo da editora

Para ouvir

- África. Em: **Pé com pé,** Palavra Cantada, MCD.

  Canção sobre a África e sua riqueza cultural.

UNIDADE

5 Ocupando o sertão

Nesta unidade você vai:

- Conhecer o processo de ocupação do interior do Brasil.
- Entender como funcionavam as expedições bandeirantes.
- Compreender o conceito de sertão.
- Saber quem são os vaqueiros e os sertanejos.
- Compreender a função social do museu.
- Conhecer algumas manifestações culturais e artísticas desenvolvidas no Brasil ao longo do tempo.

Observe a fotografia e converse com os colegas e o professor.

1. Você sabe dizer qual é a relação entre o título da unidade, a fotografia e o período colonial no Brasil?
2. Que tipo de atividade se destaca nessa fotografia?

Sertanejo tocando o gado em Taperoá, na Paraíba, em 2017.

Leo Caldas/Pulsar Imagens

Entradas e bandeiras

Como você acha que o interior do território brasileiro foi ocupado? Quem participou dessa ocupação?

Em 25 de janeiro de 1554, um grupo de jesuítas fundou um colégio no planalto de Piratininga. Entre esses jesuítas estavam José de Anchieta e Manuel da Nóbrega. Casas de **taipa** foram sendo construídas em torno do Colégio dos Jesuítas, dando origem ao povoado de São Paulo de Piratininga.

taipa: técnica de construção que utiliza barro e varas, bambus, paus, etc.

Desse povoado, que muito mais tarde viria a ser a cidade de São Paulo, partiram muitas expedições para explorar o sertão, procurar metais preciosos e escravizar indígenas, causando a morte de milhares deles.

Essas expedições chamavam-se **bandeiras**, e os homens envolvidos nelas ficaram conhecidos como **bandeirantes**. Eles são ancestrais de muitos paulistas. Andavam longos períodos pelo sertão em busca de riquezas para si e suas famílias. Também eram contratados para recuperar escravizados fugitivos.

Brasil: expedições ao sertão – séculos XVI a XVIII

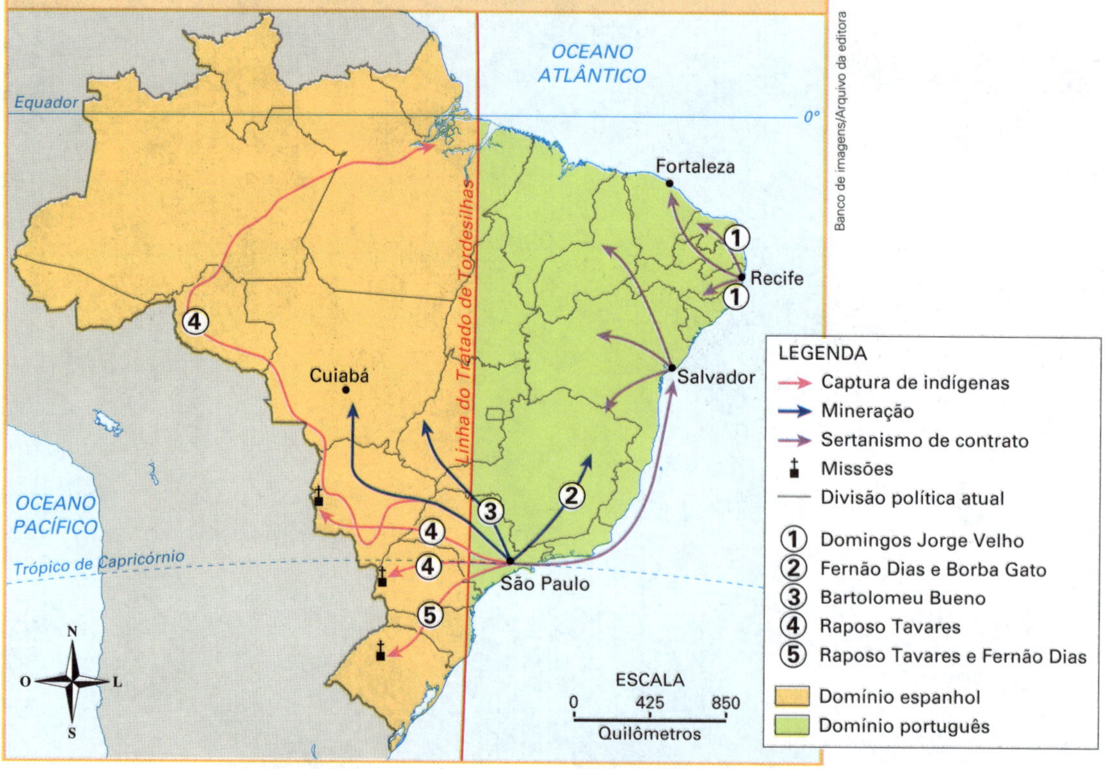

ARRUDA, José Jobson de A. **Atlas histórico básico**. 17. ed. São Paulo: Ática, 2009. p. 39.

As expedições partiam em várias direções: ao sul, ao oeste e à região das Minas, chegando à bacia Amazônica. Elas ajudaram a expandir os limites do território brasileiro, pois exploraram áreas desconhecidas, onde foram fundados povoados e vilas. Foi por meio dessas expedições que o ouro e outros metais preciosos foram descobertos.

O governo também organizava expedições, chamadas **entradas**, que aproveitavam as trilhas indígenas para adentrar o sertão.

1 **Observe o mapa da página 66 e complete o quadro.**

O maior número de expedições partiu de...	
A expedição que percorreu o caminho mais longo foi...	
Qual é a relação entre as rotas das expedições de captura de indígenas e a localização das missões?	

2 **Observe a gravura e responda no caderno.**

Guerrilha, de Johann Moritz Rugendas, 1835 (litografia colorida à mão, de 51,3 cm × 35,5 cm).

a) O que o artista retrata na gravura?

b) Quem são os homens que atacam os indígenas?

c) Como os indígenas se defendem?

d) Qual era a intenção dos ataques aos indígenas?

Como funcionavam essas expedições?

As bandeiras eram formadas por homens brancos, indígenas e **mamelucos**. Organizados em filas, esses homens abriam caminho pelo sertão andando a pé, com um deles à frente empunhando uma bandeira. Levavam baús carregados de armas, redes para dormir, cobertores e provisões, como o pão de farinha de guerra. Essa farinha era feita de mandioca e o pão podia durar meses. A alimentação era complementada com mel, peixe e caça obtidos durante a viagem.

mameluco: quem nasceu da união de branco com indígena.

Também havia mulheres indígenas nessas expedições. Elas ficavam encarregadas da comida, das cuias, dos potes e da produção de remédios com ervas para curar feridas e mordidas de animais, quando necessário.

Partindo do rio Tietê, no atual estado de São Paulo, os bandeirantes percorriam distâncias que chegavam a milhares de quilômetros, seguindo o curso de grandes rios. Foi assim que chegaram, rumo ao sul, até o atual Uruguai e, rumo ao norte, ao atual estado do Pará.

As expedições eram muito arriscadas. A selva era desconhecida pelos bandeirantes, e ainda havia a fome e o risco de doenças. A marcha podia durar muitos meses ou até anos. Antes de partir, os sertanistas pediam proteção nas igrejas e deixavam suas casas sob o comando das mulheres da família.

Domingos Jorge Velho (detalhe), de Benedito Calixto, 1903 (óleo sobre tela, de 1,40 m × 1 m). Domingos Jorge Velho foi um bandeirante.

Pouso de Monção no Sertão Bruto, de Aurélio Zimmermann, cerca de 1900, a partir de desenho de Hercules Florence (óleo sobre tela, de 1,03 m × 1,35 m).

Um dos objetivos dessas expedições era aprisionar indígenas, na época chamados de "negros da terra", para vendê-los como escravos. Uma das táticas que utilizavam era atacar as missões jesuíticas, pois era mais fácil capturar os indígenas já catequizados e reunidos em um mesmo local. A mão de obra indígena era utilizada em diversas tarefas:

> Uma vez escravizado, o índio era submetido a todo tipo de trabalho: nas lavouras, na derrubada das matas, no preparo das roças, nos engenhos, nos moinhos, nas casas, no transporte de mercadorias, equipamentos e alimentos, na construção de casas e edifícios, na caça, na pesca, no combate a outros povos.
>
> FERREIRA, Antonio; IVANO, Rogério. **A conquista do sertão**. 2. ed. São Paulo: Atual, 2010. p. 19.

1 **Leia o texto a seguir e responda às questões.**

> Só porque Macário era um ano mais novo que seu amigo Antônio não pôde participar da grande bandeira ao sertão, rumo ao Nordeste, a fim de aprisionar índios e buscar ouro e prata.
>
> Mas as Ordenações eram claras: a ata V, II, determinava que a idade militar começava dos "14 anos arriba". Só então era o homem considerado capaz para lutar "a serviço de sua Majestade".
>
> JAF, Ivan; BRANCATELLI, Maria Odette Simão; TOLEDO, Vera Lúcia Vilhena de. **Jovens brasileiros:** uma aventura literária ao longo da nossa História. 2. ed. São Paulo: Ática, 2013. p. 41.

a) Essa história é atual? Como você descobriu o período em que ela se passa?

b) Atualmente também há atividades permitidas somente a partir de determinada idade? Dê exemplos.

2 **Nas vilas paulistas, além de cuidar das tarefas domésticas, as mulheres trabalhavam na lavoura, faziam artesanato e muitas vezes eram responsáveis por decisões cotidianas. Na época, essas atividades garantiam certa autonomia a essas mulheres.**

- O que favorecia essa autonomia da mulher nessas localidades?

Tropeiros abastecem o interior do Brasil

Essas expedições realizadas pelos bandeirantes geraram, ao longo do tempo, um comércio interno, em razão da necessidade de abastecer as vilas e cidades que nasciam no interior do território. Algumas das estradas e rodovias atuais também têm origem nessas expedições.

No século XVIII, a descoberta de ouro trouxe muitas mudanças para a colônia. Só no ano de 1711, três novas vilas foram criadas na região das Minas: Vila Rica de Sabará, Ribeirão do Carmo (atual Mariana) e Vila Rica (atual Ouro Preto).

Os **tropeiros** foram responsáveis pelo abastecimento de todo o mercado do interior do Brasil. Eles viviam de "tropear", ou seja, de comprar e vender diferentes tipos de produto, que eram transportados por **comboios** de mulas, conhecidos como **tropas**. Na lista dos produtos mais comercializados estavam sal, carne, armas, escravizados, vestimentas, calçados, animais, tabaco e cachaça. Instrumentos de trabalho utilizados na mineração e nos engenhos também eram comercializados.

comboio: conjunto de pessoas, veículos ou animais de carga que se desloca organizadamente.

Em suas viagens, os tropeiros percorriam o interior do Brasil interligando lugares isolados. Em razão desses trajetos nasceram os "pousos" dos tropeiros e um movimentado comércio, que deram origem a diversas cidades no interior do Brasil. Leia o texto a seguir, sobre a importância do trabalho dessas pessoas na época.

> Sertanejos, **guascas** e tropeiros estiveram por trás do funcionamento de engenhos de açúcar, do desenvolvimento das atividades mineiras e do abastecimento do interior do Brasil. A circulação interna da colônia, assim como o transporte de produtos e bens, só podiam ser feitos em lombo de mula. [...] A dívida do sertão em relação ao tropeiro estendeu-se até a chegada do trem, na segunda metade do século XIX.
>
> PRIORE, Mary Del; VENÂNCIO, Renato P. **Uma breve história do Brasil**. São Paulo: Planeta, 2010. p. 60.

guasca: pessoa criada no campo.

Jean-Baptiste Debret/Coleção João da Cruz Vicente de Azevedo, São Paulo, SP.

Entrada de São Paulo pelo caminho do Rio de Janeiro – convento das Carmelitas, de Jean-Baptiste Debret, 1827 (aquarela sobre papel, de 10,8 cm × 21,9 cm).

Entre setembro e outubro, os tropeiros partiam de áreas ao sul do Brasil e chegavam a Sorocaba (no atual estado de São Paulo) entre janeiro e março do ano seguinte. No século XVIII, a cidade abrigava a mais importante feira de mulas.

Ao parar para descansar, os tropeiros descarregavam os animais, acendiam a fogueira e preparavam alimentos como feijão com carne-seca, angu de milho e café bem quente. Ainda hoje pratos semelhantes ou iguais a esses fazem parte da alimentação de muitos brasileiros.

1 **Observe a gravura e responda.**

Reprodução/Coleção particular

Repouso de uma caravana, de Johann Moritz Rugendas, século XIX (litografia colorida à mão, de 51,3 cm × 35,5 cm).

a) Descreva as instalações do pouso da tropa representado nessa gravura.

b) O que as pessoas representadas por Rugendas estão fazendo?

Vamos falar sobre...

Comida de tropeiro

Quando falamos em comida típica brasileira, em que você pensa?

O tradicional feijão, o arroz e a carne-seca, ou quem sabe o café, a farinha de milho, a mandioca e o torresmo? Esses pratos típicos e muito apreciados em todo o Brasil nasceram da cozinha rústica dos tropeiros. Como eles viviam se deslocando, tinham de improvisar e adotar comidas práticas e bem nutritivas, ou seja, que fornecessem calorias suficientes para aguentar a jornada. Por meio da comida podemos aprender muito sobre a cultura de um povo.

- **Quais são os pratos típicos da região onde você vive? Qual é a ligação entre esses pratos e o passado dessa região?**

Vida sertaneja

Assista

Suassuna, a peleja do sonho com a injustiça

Você conhece ou sabe explicar o que é o sertão?

No século XVIII, o termo **sertão** era usado para nomear todos os locais distantes do litoral do Brasil. Era no sertão que viviam os vaqueiros ou sertanejos criadores de gado, em grandes extensões de terra, no Nordeste brasileiro.

A vida no sertão não era fácil. O tempo era quente e seco, e a comida era pouco variada. Também era comum o conflito entre indígenas e vaqueiros em virtude da disputa pela posse da terra.

A pecuária nordestina e o comércio de gado empregavam homens livres, escravizados libertos (forros) e agregados. O gado tinha várias funções, entre elas: abastecer as cidades da Bahia e de Pernambuco, além da região das Minas; ser usado como força motriz nos engenhos; e fornecer couro, usado para ensacar mercadorias e também enviado em grande quantidade para a metrópole (Portugal).

As fazendas de criação de gado supriam as necessidades dos habitantes dos engenhos e de cidades e vilas no litoral. O trabalho do sertanejo no interior era complementar ao dos engenhos de açúcar no litoral.

O vaqueiro hoje

Hoje, a vida dos vaqueiros no interior do Nordeste não difere muito daquela do passado colonial. Montados a cavalo e vestidos com roupas de couro grosso, os vaqueiros têm a tarefa de conduzir rebanhos por estradas de terra, riachos e pastos.

Eles percorrem as fazendas de gado garantindo a segurança dos rebanhos. Entre suas responsabilidades estão fiscalizar pastagens e cercas, levar o gado para beber água e conduzir os animais até o caminhão, que os transportará para serem vendidos.

André Cunha/Acervo do artista

Aboio dos vaqueiros, de André Cunha, 2011 (acrílica sobre tela, 40 cm × 60 cm).

Cultura sertaneja

Leia
Bumba-meu-boi

A Festa do Vaqueiro é realizada todos os anos, em diversos locais do Nordeste. Durante a festa, centenas de vaqueiros se reúnem com seus cavalos e suas roupas de couro típicas para celebrar e preservar os valores da cultura sertaneja.

Cândido Neto/Opção Brasil Imagens

Missa do Vaqueiro, no sertão de Serrita, em Pernambuco, em 2015. Segundo a tradição, a celebração inicia com uma procissão de mil vaqueiros a cavalo, que levam oferendas, como berrantes e chapéus de couro, em homenagem a Raimundo Jacó.

Uma das mais importantes acontece no sertão de Araripe, em Pernambuco. Essa festa teve origem em uma tragédia que aconteceu no local em 1954, ano em que Raimundo Jacó, considerado um dos melhores vaqueiros de sua época, foi morto por um rival. Segundo a história, o fiel cachorro de Raimundo teria acompanhado o enterro do dono e ficado em seu túmulo até morrer.

1 **A história de Raimundo Jacó foi imortalizada na voz de Luiz Gonzaga, na canção "A morte do vaqueiro".**

Numa tarde bem tristonha
Gado muge sem parar
Lamentando seu vaqueiro
Que não vem mais aboiar
Não vem mais aboiar
Tão dolente a cantar [...]

Ilustrações: Luis Matuto/Arquivo da editora

Ei, gado, oi
Bom vaqueiro nordestino
Morre sem deixar tostão
O seu nome é esquecido
Nas quebradas do sertão
Nunca mais ouvirão
Seu cantar, meu irmão [...]

Ei, gado, oi
Sacudido numa cova
Desprezado do Senhor
Só lembrado do cachorro
Que inda chora
Sua dor
É demais tanta dor
A chorar com amor

GONZAGA, Luiz; BARBALHO, Nelson. A morte do vaqueiro. Intérprete: Luiz Gonzaga. Em: GONZAGA, Luiz. **Pira no pilão**. [s.l.]: RCA, 1963. Faixa 4.

a) Pesquise no dicionário o significado do verbo **aboiar**, citado no quarto verso.

b) Converse com os colegas e interpretem o trecho: "Bom vaqueiro nordestino / Morre sem deixar tostão / O seu nome é esquecido / Nas quebradas do sertão".

Fazendo História!

Museu do Cais do Sertão

Para conhecer hábitos e costumes do passado, podemos visitar um museu. O acervo dos museus, acumulado, doado ou adquirido ao longo do tempo, ajuda-nos a entender o cotidiano, o trabalho, o lazer, as vestimentas e os objetos das pessoas de antigamente.

A visita a um museu permite que a nossa imaginação sobre o passado se torne mais concreta.

Chapéu de couro utilizado por vaqueiros no sertão do Pajeú, em Pernambuco.

Vaqueiro do Sertão de Pernambuco, de Charles Landseer, 1825-1826 (aquarela a lápis, de 38,5 cm × 21,1 cm). A vestimenta típica do vaqueiro nordestino é feita de peças de couro grosso e curtido. Ela inclui a perneira (calça), o gibão (jaqueta), o chapéu de abas largas dobradas e o peitoral (espécie de avental). Sua finalidade é proteger o vaqueiro do sol e dos espinhos da Caatinga.

Que tal agora conhecermos um pouco do Museu do Cais do Sertão?

O **Museu do Cais do Sertão**, no Recife, foi oficialmente inaugurado em abril de 2014. Esse museu faz uma homenagem à história, à cultura e ao universo sertanejo brasileiro, com espaços interativos e uma exposição permanente sobre o sertão e os sertanejos. Para saber mais sobre esse museu, consulte o *site*: <www.caisdosertao.org.br> (acesso em: janeiro de 2018).

1 **Converse com os colegas.**

a) Explique o que é um museu.

b) Dê exemplos de materiais que compõem acervos de museus.

c) Descreva a importância do museu.

2 **Que material está presente no cotidiano do sertanejo: nos objetos, nas roupas e no trabalho? Estabeleça uma relação entre esse material e a importância da pecuária no Brasil colonial.**

3 **Reúna-se com os colegas e organizem uma exposição na classe, como se ela fosse a sala de um museu. O tema é Histórias de família.**

a) Selecionem um acervo de fotografias, objetos, vestimentas e depoimentos escritos ou orais dos seus familiares (desta e de outras gerações).

b) Organizem o acervo e criem legendas para cada documento que será exposto. As legendas devem conter informações como o nome da família, a data e a história do objeto, entre outras.

c) Selecionem o local onde o museu de vocês será montado. Organizem os objetos pelo tipo de suporte (papel, tecido, metal, etc.) ou pela função (ferramenta, brinquedo, vestimenta, etc.).

d) Façam convites para visita à exposição e entreguem aos colegas da escola.

e) Registrem o resultado e publiquem em *blog*, *site* ou redes sociais.

Rede do conhecimento

A arte no Brasil

A arte é uma das formas fundamentais de expressão humana. As obras de arte nos ajudam a compreender valores, ideais e costumes de um povo e de uma época.

Séculos XVI e XVII

O Brasil antes dos brasileiros

A arte dos povos indígenas é anterior à chegada dos portugueses às terras que hoje compreendem o Brasil e reflete as tradições da comunidade na qual está inserida. O povo marajoara dominava técnicas sofisticadas de trabalho com cerâmica. Suas peças apresentavam decoração elaborada e desenhos em relevo. Os indígenas também se expressavam por meio da pintura corporal, feita com tinta obtida da mistura de jenipapo com pó de carvão. Em seus corpos, eles pintavam desenhos simétricos e detalhados.

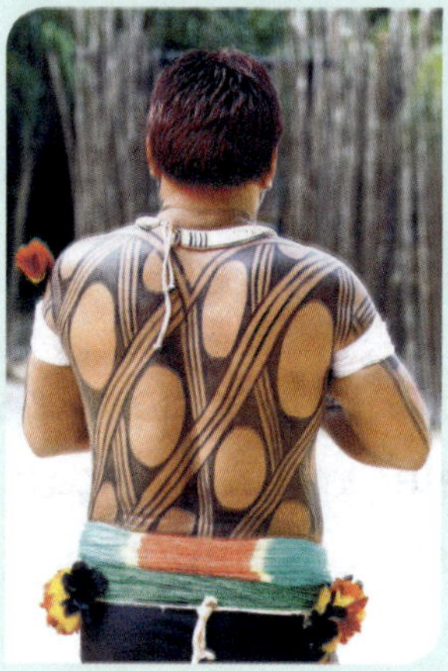

Rita Barreto/Arquivo da fotógrafa

Indígena da etnia Kuikuro, na Toca da Raposa, em Juquitiba, São Paulo, 2010.

O Brasil holandês

No Brasil colônia do século XVII, pintores holandeses, como Frans Post e Albert Eckhout, retrataram um mundo exótico e desconhecido pelos europeus.

Reprodução/Museu Nacional de Copenhague, Dinamarca

Dança dos Tapuias, de Albert Eckhout, 1641 (óleo sobre madeira, de 1,68 m × 2,94 m).

O Brasil africano

O tráfico negreiro trouxe ao Brasil africanos escravizados que mantiveram seus valores, seus costumes e suas tradições, como os batuques e a arte da capoeira.

Jurandi Assis/Acervo do artista

Capoeira, de Jurandi Assis, 1997 (óleo sobre tela, de 56 cm × 80 cm).

Século XVIII

O Barroco em Minas Gerais

A arte barroca brasileira está associada à religião católica e ao intenso comércio de açúcar e ouro no Brasil colonial. Igrejas ricamente decoradas com esculturas talhadas em madeira e ouro caracterizam esse estilo, presente principalmente em Minas Gerais, no Rio de Janeiro, na Bahia e em Pernambuco.

Entre os artistas mais importantes do Barroco brasileiro, destacam-se Antonio Francisco Lisboa (Aleijadinho) e Manuel da Costa Ataíde (mestre Ataíde).

Ricardo Azoury/Pulsar

Profeta Amós, de Aleijadinho, 1800-1805 (escultura em pedra-sabão, de 2,21 m). Congonhas, Minas Gerais.

Século XIX

A formação da nação brasileira

Em 1808, a chegada da família real portuguesa provocou mudanças e inovações. Destaca-se a criação de instituições culturais como o Museu Real, a Biblioteca Real e a Imprensa Régia. A cultura europeia exerceu forte influência na cultura do Brasil. Os marcos são a chegada da Missão Artística Francesa ao Rio de Janeiro, em 1816, e a fundação da Academia Imperial de Belas Artes, cujo objetivo era ensinar e formar novos artistas no Brasil.

O Império do Brasil

O reinado de dom Pedro II foi marcado por uma preocupação com a expansão da cultura no Brasil. O imperador procurou incentivar a literatura, as ciências e as artes.

Artistas como Victor Meirelles, Pedro Américo e Almeida Júnior refletem a formação acadêmica europeia aprendida na Academia de Belas Artes. Na arte produzida nesse período, destacam-se a presença do indígena como símbolo da nação brasileira e a pintura histórica e do cotidiano.

Reprodução/Museu Nacional de Belas Artes, Rio de Janeiro, RJ.

Batalha dos Guararapes, de Victor Meirelles, 1879 (óleo sobre tela, de 5 m × 9,25 m).

Século XX

O movimento modernista

A década de 1920 foi um período marcante para a história das artes e da literatura no Brasil. O objetivo dos artistas passou a ser expressar a cultura genuinamente brasileira. Para isso, valorizaram temas populares e do folclore em uma linguagem artisticamente moderna. Destacam-se a Semana de Arte Moderna (1922) e artistas plásticos como Lasar Segall, Tarsila do Amaral, Anita Malfatti e Di Cavalcanti. Na literatura, destacam-se Oswald de Andrade e Mário de Andrade.

Reprodução/Pinacoteca do Estado de São Paulo, São Paulo, SP.

Bananal, de Lasar Segall, 1927 (óleo sobre tela, de 0,87 m × 1,27 m).

Arte brasileira moderna (1950 até o presente)

Na década de 1950, o Brasil já havia encontrado uma linguagem artística própria e original, que expressava a riqueza e a diversidade da cultura brasileira. Inúmeros temas e linguagens conquistaram espaço a partir desse momento, revelando a plena expressão e o amadurecimento da arte brasileira.

Reprodução/Coleção Ricard Akagawa

Pintura n.11 – Roma, de Rubem Valentim, 1965 (têmpera ovo sobre tela, de 1 m × 0,73 m).

Vamos retomar

1 Complete a ficha sobre as bandeiras.

- O que eram as bandeiras?
- Quem participava delas?
- Por que os bandeirantes eram chamados assim?
- Qual era a duração das expedições?
- Quais eram as dificuldades enfrentadas?

2 Leia o texto e responda às questões.

> A **modorra** da vidinha do dia a dia era imediatamente quebrada por uma grande agitação: todos queriam ver, apalpar, mexer, comprar as novas mercadorias que os tropeiros traziam. E saber das novidades, saber se traziam cartas e notícias dos parentes, e o que estava acontecendo nos outros cantos da Colônia.
>
> A tropa, naquele tempo, era uma espécie de grande loja ambulante, e também o elo entre uma vila e outra, entre uma e outra região. Era ainda o correio. Sua chegada alvoroçava completamente o lugar.
>
> SILVEIRA, Maria José. **Ana Preciosa e Manuelim e o roubo das moedas na época do ciclo do ouro**. Belo Horizonte: Formato, 2004. p. 34.

modorra: grande desânimo.

a) Que tipo de mercadoria as tropas transportavam?

b) Como as mercadorias eram transportadas?

3 É correto afirmar que a arte no Brasil surgiu após a chegada dos europeus? Explique sua resposta.

Autoavaliação

Terminamos a unidade 5! Leia as frases abaixo e faça um **X** no desenho que melhor expressa sua opinião sobre cada uma delas.

1. Conheci o processo de ocupação do interior do Brasil.			
2. Entendi como funcionavam as expedições bandeirantes.			
3. Compreendi o conceito de sertão.			
4. Sei quem são os vaqueiros e os sertanejos.			
5. Compreendo a função social do museu.			
6. Conheci algumas manifestações culturais e artísticas desenvolvidas no Brasil ao longo do tempo.			

Sugestões

Para ler

Editora Martins Fontes/Arquivo da editora

- **Bumba-meu-boi**, de Stela Barbieri e Fernando Vilela, Martins Fontes.

  O livro é inspirado na versão maranhense do bumba meu boi. Essa história é muito antiga e sofreu diversas alterações ao longo do tempo.

Para assistir

Fundação João Mangabeira/Me Gusta Filmes

- **Suassuna, a peleja do sonho com a injustiça**, direção de Filipe Gontijo, Me Gusta Filmes. Disponível em: <www.ebc.com.br/cultura/2014/07/assista-a-a-peleja-do-sonho-com-a-injustica-uma-homenagem-a-suassuna>. Acesso em: maio de 2018.

  A animação apresenta um texto escrito em versos e arte inspirada na xilogravura. Ela conta a história de um dos maiores artistas nordestinos, Ariano Suassuna, defensor do povo nordestino e de sua cultura.

UNIDADE

6 O trabalho na indústria

ullstein bild/Getty Images

Nesta unidade você vai:

- Entender o papel da indústria no mundo moderno.
- Conhecer o trabalho nas fábricas no passado e no presente.
- Saber como funciona uma linha de montagem.
- Entender como a tecnologia modifica o processo de produção das mercadorias.
- Entender o que é impacto ambiental.

Fábrica de automóveis na França, em 2017.

Marlene Awaad/Bloomberg/Getty Images

Observe as fotografias e converse com os colegas e o professor.

1. O que as fotografias têm em comum?
2. Quais são as principais diferenças entre elas?
3. O processo de trabalho nas fábricas mudou muito ao longo do tempo? Explique.

Linha de montagem da Ford, em cerca de 1920.

A origem da indústria

Você sabe para que servem as fábricas?

Você já parou para pensar na importância da indústria em nossas vidas? Observe os objetos que você utiliza no seu cotidiano. Seu livro e seu caderno, por exemplo, foram produzidos em uma indústria gráfica e o papel de que eles são feitos, em uma fábrica de papel.

Mas nem sempre foi assim. Antes do surgimento das fábricas, os produtos de que as pessoas precisavam eram feitos à mão por artesãos em pequenas oficinas. O processo de produção era lento, pois o artesão realizava todas as etapas da produção apenas com a ajuda de ferramentas simples. Muitos produtos não eram acessíveis às pessoas mais pobres.

Atualmente, as fábricas fazem uma grande variedade de produtos: desde medicamentos, brinquedos e roupas até celulares, computadores e aviões. Elas transformam matérias-primas como madeira, borracha, minérios, etc. em produtos industrializados. O trabalho nas fábricas é realizado por trabalhadores com a ajuda de ferramentas e máquinas.

As primeiras indústrias

A indústria moderna surgiu há mais de duzentos anos na Inglaterra. Ao longo do tempo, os ingleses desenvolveram um sistema em que o trabalho era repartido em diversas tarefas bem específicas e cada trabalhador realizava apenas uma delas. Eles também passaram a empregar máquinas movidas a vapor para acelerar a produção. Isso permitiu produzir muito mais em muito menos tempo, utilizando os mesmos recursos. Com isso, o preço dos produtos diminuiu e eles passaram a ser acessíveis a um número muito maior de pessoas.

The Bridgeman Art Library/Glow Images/Museu Frans Hals, Haarlem, Holanda.

A oficina de um tecelão, de Gillis Rombouts, 1656 (óleo sobre tela, de 32 cm × 38,5 cm).

Universal History Archive/Getty Images

Fábrica têxtil em Liverpool, na Inglaterra, representada em gravura de 1887.

1 Observe a pintura e a gravura da página 82 e aponte as principais semelhanças e diferenças entre elas.

2 Observe as etapas necessárias para que seu caderno chegue até você.

1. As árvores de eucalipto são cortadas.

Corte de eucaliptos no Uruguai.

Guillermo Robles/Design Pics Inc/Alamy/Latinstock

2. Elas são reduzidas a pedacinhos.

Lascas de eucalipto.

Tanapon Srisawad/Shutterstock

3. Os pedacinhos são convertidos em pasta de celulose.

Pasta de celulose.

Jean-Christophe Verhaege/Agência France-Presse

4. Essa pasta passa por máquinas que a transformam em bobinas de papel.

Bobinas de papel em indústria na China.

Stock Photos/Latinstock

5. As folhas são pautadas e cortadas, e o caderno é perfurado e recebe capa e espiral.

Caderno pronto para venda.

Stock Photos/Latinstock

Leia

Chico Papeleta e a reciclagem de papel

- Agora responda às questões.

a) Qual é a matéria-prima utilizada na fabricação do papel?

....

b) Dê um título para o processo representado no esquema acima.

....

c) Você concorda com o corte de árvores para produzir papel? Proponha alguma matéria-prima alternativa.

Fábricas do presente e do passado

Assista
Brasil 500 anos: O Brasil Império na TV

Você sabe dizer quem faz as fábricas funcionarem?

Nas fábricas, cada trabalhador deve cumprir o seu turno diariamente, prestar muita atenção para evitar erros e cuidar da qualidade dos produtos. As máquinas funcionam sem interrupção e a produção não pode parar.

Os trabalhadores têm direito a benefícios como férias remuneradas, 13º salário e salário-família, entre outros.

No passado era diferente. As primeiras fábricas surgiram no Brasil há pouco mais de 100 anos. Naquela época, o trabalho era mais pesado, os operários permaneciam nas fábricas de 10 a 14 horas por dia, descansavam pouco e recebiam baixos salários. Também era comum crianças trabalharem em fábricas no Brasil e em outros lugares do mundo.

Alinari Archives/Getty Images

Fábrica de sapatos na cidade de São Paulo, estado de São Paulo. Foto de cerca de 1930.

Marcio Melo/Folhapress

Fábrica de produtos eletroeletrônicos em Manaus, Amazonas. Foto de 2016.

Vamos falar sobre...

Reciclagem de produtos

Diariamente é jogada no lixo uma enorme quantidade de produtos industrializados quebrados, velhos, gastos ou que não têm mais utilidade para seus donos. Para cada um desses produtos existe uma forma correta de descarte. Produtos eletrônicos, por exemplo, possuem componentes que podem ser reaproveitados. Produtos de alumínio, como latinhas, e de vidro, como garrafas, também.

- **Existem formas adequadas para descartar ou reaproveitar produtos industrializados? Cite alguns exemplos.**

1 Observe a fotografia e leia a legenda.

Interior da Fábrica Santana, da Companhia Nacional de Tecidos de Juta, em São Paulo, em 1931.

a) Preencha as informações abaixo, de acordo com a fotografia.

Nome da fábrica: ....

Produto que fabricava: ....

Localização: ....

Data em que a foto foi tirada: ....

b) Descreva as pessoas que trabalhavam na fábrica. O que elas estavam fazendo?

....

....

....

2 **Crie um personagem que trabalhe em uma fábrica no início do século XX e imagine sua rotina. Para isso, siga o roteiro abaixo.**

- Comece dando um nome para seu personagem e definindo sua idade e seu gênero.
- Em seguida, defina em que tipo de indústria ele trabalharia.
- Imagine, por fim, qual seria seu horário de trabalho e sua rotina diária.

Agora conte, no caderno, a rotina do personagem que você criou. Lembre-se de descrever algumas pessoas que trabalham com ele e conte as dificuldades enfrentadas por ele no cotidiano.

Trabalho e indústria: o custo para a natureza

Você sabe o que significa impacto ambiental?

Além de fabricar produtos, a indústria gera emprego e renda para seus funcionários.

Para produzir um brinquedo, por exemplo, são necessários diferentes profissionais e várias etapas de trabalho até ele finalmente ficar pronto. Alguns brinquedos podem ficar até um ano em **produção**, ou seja, desde o momento em que são imaginados até chegarem às lojas, prontos para serem vendidos.

A atividade industrial também gera empregos indiretamente, para as pessoas que trabalham vendendo esses mesmos produtos.

Como nascem os bonecos

Na primeira etapa de fabricação, é colocada uma massa plástica nos moldes de cada parte dos bonecos. As peças são levadas ao forno a uma temperatura de 240 graus, de 7 a 9 minutos.

Quando saem do forno, as partes dos bonecos são resfriadas e recebem acabamento, em que as sobras do plástico são retiradas. Depois, elas vão para o setor de pintura da fábrica.

Fotos: Werther Santana/Agência Estado

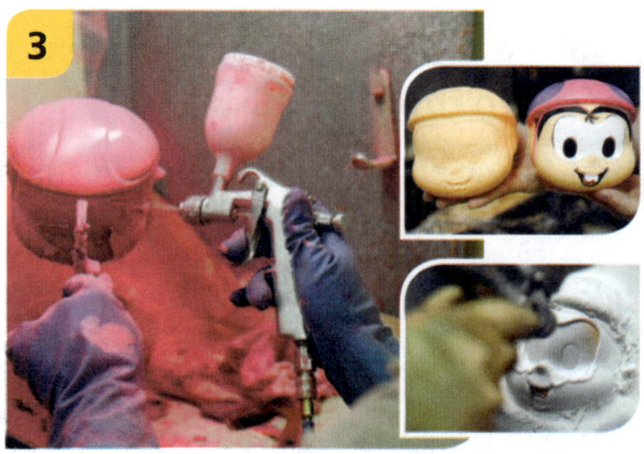

Uma única pessoa faz a pintura de cada parte dos bonecos com tinta vinílica atóxica, colocada em máquinas de *spray*. Para separar as partes de cores diferentes, é usada uma cobertura que protege a parte que não deve ser pintada naquele tom específico.

Elaborado com base em: Estadinho. Disponível em: <www.estadao.com.br/blogs/estadinho/wp-content/uploads/sites/580/2011/10/Nova-imagem.jpg>. Acesso em: maio de 2018.

Entretanto, a atividade industrial tem um lado negativo: o impacto sobre o meio ambiente. A fumaça que sai das chaminés das fábricas pode conter gases que fazem mal para os seres vivos. Existem indústrias que liberam também **resíduos químicos** que contaminam os mananciais, impactando a vida de animais e de pessoas, que dependem dessas fontes de água para viver. Daí a importância das **leis de proteção ambiental**, que buscam proteger o meio ambiente dessas e de outras ameaças. A reciclagem de materiais também pode diminuir o impacto ambiental negativo das indústrias.

resíduo químico: substância que sobra da operação industrial e que pode ainda ser aproveitada industrialmente.
lei de proteção ambiental: lei que regula o uso de substâncias tóxicas e obriga as indústrias a adotar medidas de redução do impacto negativo sobre o meio ambiente.

1 Observe a fotografia.

Thomaz Vita Neto/Pulsar Imagens

As indústrias químicas e de siderurgia têm alto potencial poluidor, apesar de muitas delas contarem com programas de redução do impacto ambiental. Na foto, usina de álcool e açúcar no município de Planalto, em São Paulo, em 2016.

a) Em sua opinião, essa indústria tem impacto negativo ou positivo sobre o meio ambiente? Explique.

b) Que tipo de poluição é mostrada na foto? Assinale a alternativa correta.

- [ ] Poluição do solo
- [ ] Poluição de rios
- [ ] Poluição do ar
- [ ] Poluição do mar

2 **Desembaralhe as letras e descubra o nome do processo que reaproveita produtos que foram utilizados e, depois, transformados na indústria.**

R C I G E M C E L A

Fazendo História!

Cubatão e a poluição industrial

Cubatão é um município do litoral paulista onde se concentram diversas indústrias, principalmente dos setores químico e petroleiro. Hoje, essas indústrias contam com modernos sistemas de controle de poluentes para preservar a saúde das pessoas e conservar o meio ambiente. Mas nem sempre foi assim.

No início da década de 1980, Cubatão ficou conhecido internacionalmente como o "Vale da Morte" e chegou a ganhar o título de cidade mais poluída do mundo, por causa dos efeitos da poluição industrial na vida da população e no meio ambiente.

Nessa época, cerca de 30 mil toneladas de poluentes eram despejadas no ar por mês. Foram registrados diversos casos de bebês que nasceram com deformações e até mesmo sem cérebro por causa dessa poluição. O meio ambiente estava degradado: os rios estavam mortos e sem peixes, os pássaros e outros animais desapareceram e nem os insetos conseguiam sobreviver ali.

Juca Martins/Olhar Imagem

Indústrias no município de Cubatão, em São Paulo. Foto de 1984. Observe a quantidade de poluentes emitidos no ar.

O químico Osmar Gomes visitou Cubatão pela primeira vez em 1986. Leia o seu depoimento:

> A qualidade do ar era bem ruim. Era difícil respirar e os olhos ficavam avermelhados. A condição que se encontrava na Serra do Mar me chamou atenção. Havia muitas áreas claras, muitas plantas sem folhas em função da **chuva ácida**. Sentíamos cheiro de **amônia** e se via muita **fuligem** nas ruas.

chuva ácida: chuva carregada de substâncias tóxicas.
amônia: substância química altamente prejudicial à saúde.
fuligem: partículas resultantes da queima de materiais como o carvão, que permanecem no ar e podem causar problemas à saúde.

COSTA, Camilla. Mais de 3 décadas após "Vale da Morte", Cubatão volta a lutar contra alta na poluição. BBC Brasil. Disponível em: <www.bbc.com/portuguese/brasil-39204054>. Acesso em: maio de 2018.

Em 1983, foi implantado no município um plano de recuperação ambiental, envolvendo a população, o governo e as indústrias. O governo passou a medir e a monitorar a qualidade do ar e impôs metas de redução de poluentes. Foram identificados mais de 320 poluentes distintos, muitos deles altamente prejudiciais à saúde. As indústrias tiveram de instalar filtros e outros processos para controlar a poluição resultante de sua atividade. A população ajudava a fiscalizar o plano de despoluição.

Em menos de uma década, 95% da poluição já estava sob controle e, em 1992, Cubatão passou a ser vista pela Organização das Nações Unidas (ONU) como exemplo de recuperação ambiental. Rios, fauna e flora foram recuperados, e a saúde da população melhorou.

1 **Quais foram os sinais de degradação ambiental e os problemas de saúde causados pela poluição industrial em Cubatão no início da década de 1980?**

....

....

2 **Que medida foi necessária para que Cubatão deixasse de ser conhecida como "Vale da Morte" e passasse a ser vista como cidade exemplo de recuperação ambiental?**

3 **Identifiquem uma área industrial no estado em que vocês vivem. Pesquisem na internet, em jornais e em revistas os procedimentos que têm sido adotados para diminuir a poluição e os danos ao meio ambiente provocados pelas indústrias. Organizem os dados da pesquisa e compartilhem com os outros grupos.**

1 Indique a que período cada frase corresponde.

A. Há cem anos. **B.** Nos dias de hoje.

- [ ] Os operários trabalham de 10 a 14 horas por dia, sem direitos como férias e salário mínimo.
- [ ] Em muitas indústrias, os operários contam com a ajuda da tecnologia para realizar seu trabalho com mais segurança.
- [ ] A mão de obra das fábricas é composta de adultos e crianças.

2 Leia o infográfico a seguir.

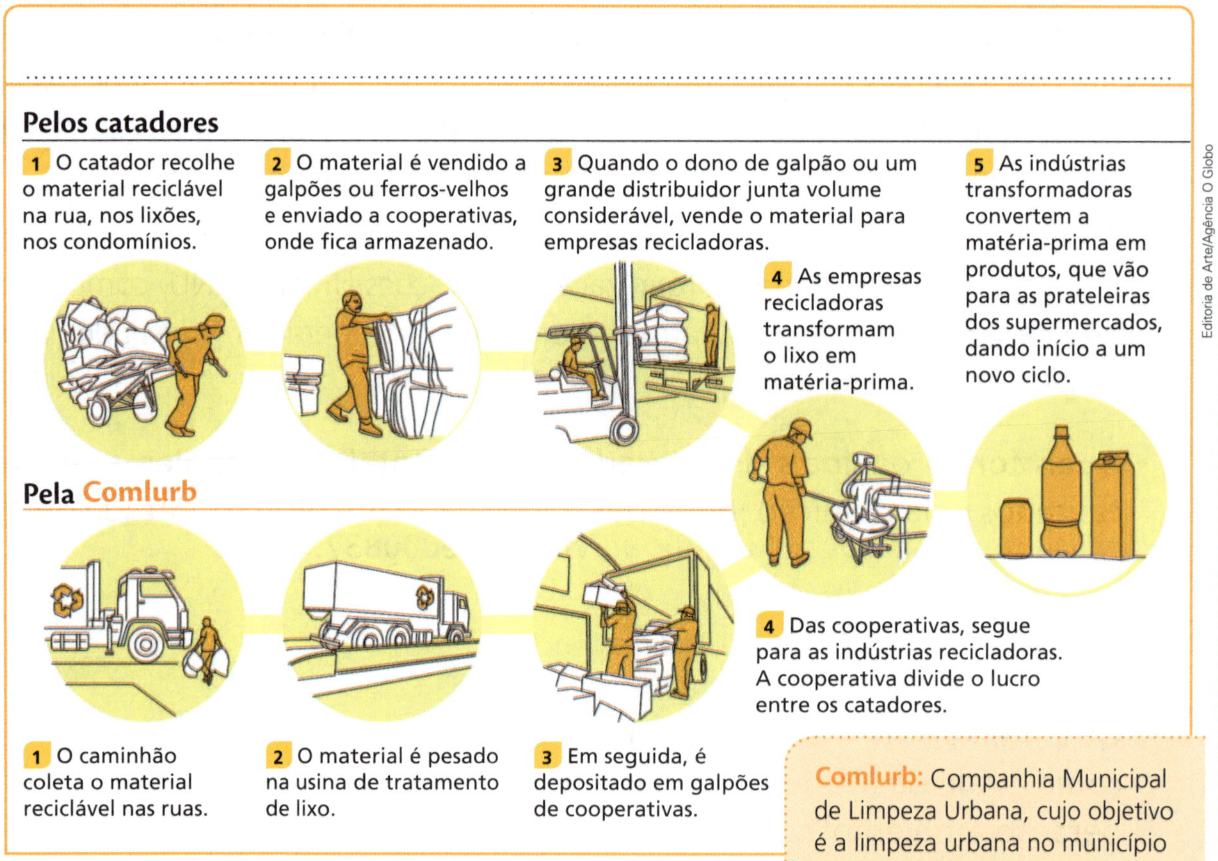

O Globo, 22 de março de 2012, p. 16.

Comlurb: Companhia Municipal de Limpeza Urbana, cujo objetivo é a limpeza urbana no município do Rio de Janeiro.

a) Qual é a matéria-prima do processo ilustrado?

....

b) Dê um título para o processo representado no infográfico.

Autoavaliação

Terminamos a unidade 6! Leia as frases abaixo e faça um **X** no desenho que melhor expressa sua opinião sobre cada uma delas.

1. Entendi o papel da indústria no mundo moderno.			
2. Conheci o trabalho nas fábricas no passado e no presente.			
3. Sei como funciona uma linha de montagem.			
4. Entendi como a tecnologia modifica o processo de produção das mercadorias.			
5. Sei o que é impacto ambiental.			

Sugestões

Para assistir

- **Brasil 500 anos: O Brasil Império na TV. Episódio VII: A modernidade chega a vapor.** Disponível em: <www.dominiopublico.gov.br/download/video/me000837.mp4>. Acesso em: maio de 2018.

  Esse vídeo retrata de forma lúdica a influência, na cidade do Rio de Janeiro, da Revolução Industrial em curso na Europa na segunda metade do século XIX.

Reprodução/<https://tvescola.mec.gov.br/tve/video?idItem=4586>

Para ler

- **Chico Papeleta e a reciclagem de papel,** de Nereide Schilaro Santa Rosa, Moderna.

  Chico Papeleta conta a história do papel e de suas aplicações no nosso cotidiano e nas artes visuais. Ele explica como contribuir na reciclagem do papel e como preservar a natureza.

Editora Moderna/Arquivo da editora

UNIDADE

7 O universo da comunicação

Nesta unidade você vai:

- Entender a importância dos meios de comunicação no contato entre as pessoas e na transmissão de informações.
- Identificar diferentes meios de comunicação.
- Aprender mais sobre a comunicação impressa.
- Entender a importância da tecnologia no desenvolvimento dos meios de comunicação.

Observe a fotografia e converse com os colegas e o professor.

1. Descreva o que você vê na cena representada.
2. Os meios de comunicação facilitam a troca de experiências e informações entre as pessoas. Contudo, em algumas situações, eles podem substituir um encontro presencial, que poderia favorecer uma proximidade maior entre os envolvidos, ou distanciar pessoas que estão reunidas em um mesmo local, dependendo do modo como esses meios de comunicação são utilizados. Em qual dessas situações a fotografia se enquadra? Explique.

Jovens da Mongólia usam o celular em um congresso na cidade de Berlim, na Alemanha, em 2015.

Axel Schmidt/Reuters/Latinstock

A comunicação é universal

Como você demonstra a uma pessoa o que está sentindo ou pensando? Será que é só por meio da fala que podemos nos comunicar? Como você imagina que as pessoas se comunicavam no tempo em que a escrita não existia?

A comunicação é uma necessidade humana. Por meio dela podemos conhecer novas pessoas, aprender e compartilhar informações e discutir problemas coletivos.

As pessoas se comunicam todos os dias, ao circular nas ruas, na escola, no trabalho, no comércio e em outros lugares. Essa comunicação pode ser feita de diferentes formas: conversa, carta, *e-mail*, telefone, sinais, expressões artísticas, entre outras.

Leia

Daniel no mundo do silêncio

1 Leia a tirinha. Em seguida, responda às questões.

ZIRALDO. **O menino Maluquinho**. Disponível em: <www.omeninomaluquinho.com.br/paginatirinha/PaginaAnterior.asp?da=11022013>. Acesso em: outubro de 2017.

a) O que as personagens fizeram para compartilhar "informações confidenciais"?

b) No último quadrinho, a expressão facial e a postura das meninas comunicam quais sentimentos?

2 Indique quem faz uso de cada um dos sistemas de comunicação descritos abaixo.

1 Pessoas com deficiência visual

2 Pessoas com deficiência auditiva

☐ **Libras** (Língua Brasileira de Sinais) é uma forma de comunicação realizada por meio de sinais feitos com as mãos e os braços.

☐ **Braille** é um sistema de escrita e leitura que consiste em pontos em relevo, no papel ou em outro material, que permitem a leitura pelo tato.

A invenção da escrita

A invenção da escrita é muito antiga e representa um marco na história da humanidade. Por meio da escrita foi possível registrar lembranças, ideias, invenções, acontecimentos e datas importantes e transmiti-los ao longo do tempo.

No passado, a escrita era uma técnica dominada por poucas pessoas. Por isso, o escriba, profissional que escrevia os textos ditados e fazia cópia dos manuscritos, era muito admirado.

Ao longo do tempo, foram inventadas diferentes maneiras para registrar as informações por escrito. Os primeiros registros foram realizados por meio de **pictogramas**. Mais tarde, foi inventado o sistema alfabético de escrita, que registrava os sons da fala humana.

pictograma: desenho simplificado que representa a forma física de objetos e seres.

The Granger Collection/Album/Fotoarena

Pictogramas encontrados na tumba de Merneptá, um faraó egípcio da 19ª dinastia, cujo governo corresponde aos anos 1213 a.C. a 1204 a.C.

1 **O escriba era o profissional que dominava a técnica da escrita nas sociedades antigas. Cite ao menos seis profissionais que trabalham com a escrita atualmente.**

- ....
- ....
- ....
- ....
- ....
- ....

2 Leia o texto a seguir. Depois, responda à questão.

[...]

O uso da escrita deu início a um tipo de comunicação que tornava possível entrar em contato com mensagens produzidas por pessoas que haviam morrido há séculos, ou distantes milhares de quilômetros.

Sabe-se que a escrita surgiu em diferentes lugares, tornando-se um poderoso apoio para a memória humana. Os povos antigos usavam as marcas gráficas inicialmente como uma ferramenta para registro do movimento do comércio, depois como registros de todos os acontecimentos que envolviam a sociedade. [...]

Com o advento da escrita, foi possível atravessar a barreira do tempo e preservar informações sobre modos de vida de povos que viveram há milhares de anos ou informar sobre outros povos, que vivem em locais muito distantes dos centros de difusão das informações. A durabilidade do sinal grafado e a possibilidade de acesso à informação por um número cada vez maior de pessoas mudaram profundamente a história da humanidade.

[...]

AMARAL, Suely. História da escrita: surgimento e importância dessa linguagem. **UOL Educação**. Disponível em: <https://educacao.uol.com.br/disciplinas/portugues/historia-da-escrita-surgimento-e-importancia-dessa-linguagem.htm>. Acesso em: maio de 2018.

- Segundo o texto, qual é a principal função da escrita?

3 Leia o texto e observe a fotografia.

Em países da África ocidental existem mestres contadores de história conhecidos como **griôs**. Eles têm a função de transmitir a cultura, a história e as tradições da comunidade. Para contar suas histórias, os griôs fazem uso não só da fala como também do teatro, do canto e da dança.

Gonzales/Peter Troest/Avalon/Zuma Press/Glow Images

Noura Mint Seymali, griô nascida na Mauritânia, apresentando-se em um festival de música na Dinamarca, em 2015.

- Dê um exemplo de conhecimento da sua comunidade que é transmitido oralmente de geração em geração e compartilhe-o com os colegas.

Os meios de comunicação

Explique com suas palavras o que são meios de comunicação.

Atualmente, é comum o uso de meios eletrônicos, como celular, *tablet* e computador, para se comunicar e buscar informação. Por meio deles é possível enviar rapidamente mensagens de voz e de texto e imagens, o que facilita a comunicação e aproxima as pessoas.

No passado, as pessoas se comunicavam por meio de cartas, de revistas, de jornais e de recados transmitidos oralmente por mensageiros. Depois, fizeram uso do **telégrafo** e do telefone. A distância e as dificuldades técnicas tornaram a comunicação muito mais lenta do que é hoje.

telégrafo: aparelho utilizado para transmitir mensagens a distância. Por meio do código Morse, pulsos elétricos são transformados em letras, números e sinais de pontuação.

O rádio é popular

A primeira transmissão de rádio no Brasil ocorreu em 1922, no Rio de Janeiro. Em pouco tempo, o rádio se tornou popular e já estava na casa das pessoas. Por meio dele, era possível ouvir notícias, propagandas, jogos de futebol, radionovelas, músicas e discursos políticos.

Acervo Iconographia/Reminiscências

Família reunida na cidade do Rio de Janeiro, no estado do Rio de Janeiro, para ouvir rádio, meio de comunicação popular que tinha a função de informar e divertir. Foto de 1942. Hoje, o rádio continua presente no cotidiano das pessoas, convivendo com outras tecnologias.

Outros meios de comunicação

A televisão (TV) chegou ao Brasil na década de 1950, transmitindo programas feitos ao vivo, em imagens em preto e branco. Já na década de 1970 começaram as transmissões em cores no país. Hoje, há uma variedade de canais que utilizam modernas tecnologias de transmissão da imagem.

A partir da década de 1990, o computador pessoal (PC) passou a fazer parte da vida das pessoas. Nessa época também surgiu a internet, uma forma de comunicação que interliga computadores em rede no mundo todo. A internet ampliou as possibilidades de comunicação usando imagem, texto e voz e aproximou pessoas de todos os lugares.

Acervo Iconographia/Reminiscências

Primeira transmissão da TV Tupi na cidade de São Paulo, no estado de São Paulo. Foto de 1950.

Greg Salibian/Folhapress

Meninas usam computadores na cidade de São Paulo, no estado de São Paulo. Foto de 1998.

1 Cite os meios de comunicação mencionados nesta unidade.

....

....

....

2 Indique, na linha do tempo, o ano ou o período em que os fatos sobre os meios de comunicação ocorreram.

....	....	....	....
Primeira transmissão de rádio no Brasil, na cidade do Rio de Janeiro.	A TV chega ao Brasil; as imagens eram em preto e branco.	A TV começa a transmitir imagens em cores.	O PC passa a fazer parte da vida das pessoas; surge a internet.

3 **Relacione cada texto abaixo à fotografia do meio de comunicação ao qual ele se refere.**

1. Aproximou pessoas de todo o mundo, ampliando as possibilidades de comunicação com o uso de imagens, textos e voz.
2. Tornou-se muito popular em pouco tempo. Permitia ter acesso a propagandas, músicas, notícias, discursos, jogos de futebol, e ainda hoje faz parte do cotidiano das pessoas.
3. Inicialmente transmitia imagens em preto e branco. Hoje usa tecnologias modernas e a transmissão é em cores.

Andre Dib/Pulsar Imagens

Homem ouve rádio na comunidade kalunga do Vão do Moleque, em Cavalcante, Goiás. Foto de 2017.

Mamunur Rashid/Alamy/Latinstock

Menino acessa a internet em *laptop* na cidade de Dacca, em Bangladesh. Foto de 2016.

Artur Widak/NurPhoto/Getty Images

Mulher assiste à TV em residência na cidade de Dublin, na Irlanda. Foto de 2017.

Vamos falar sobre...

Benefícios e riscos da internet

A rede mundial de computadores ou internet se tornou um dos meios de comunicação mais populares do mundo. Por meio dela podemos fazer pesquisas, aprender coisas novas e compartilhar textos, imagens, vídeos e muitas outras informações. Mas a internet também oferece riscos. O excesso de tempo navegando na rede pode causar diversos problemas de saúde, ganho de peso e falta de atenção. É importante compensar o tempo gasto na internet com atividades ao ar livre e brincadeiras com os amigos.

- **Na sua opinião, o uso que você faz da internet é saudável ou excessivo? Quais outras atividades você poderia fazer com o tempo gasto na internet?**

Fazendo História!

A comunicação impressa

A invenção da imprensa tornou possível a troca de conhecimentos, ideias e informações entre as pessoas. Os primeiros processos de impressão foram criados na China por volta do século III, mas foi somente no século XV que Johannes Gutenberg inventou a prensa de tipos móveis, que permitiu a reprodução em massa de livros. Em 1500, estima-se que já haviam sido impressos 35 mil livros sobre diversos assuntos na Europa.

A imprensa permitiu também a comunicação e a difusão da informação por outros meios: os jornais e as revistas. Os primeiros jornais foram impressos na Holanda no século XVII. No Brasil, a comunicação impressa chegou bem mais tarde. Foi só com a instalação da família real portuguesa no Rio de Janeiro, em 1808, que surgiu a primeira imprensa nacional: a Imprensa Régia. Por meio dela, foram impressos livros, folhetos religiosos, almanaques, tratados e o primeiro jornal brasileiro, que se chamava **Gazeta do Rio de Janeiro**.

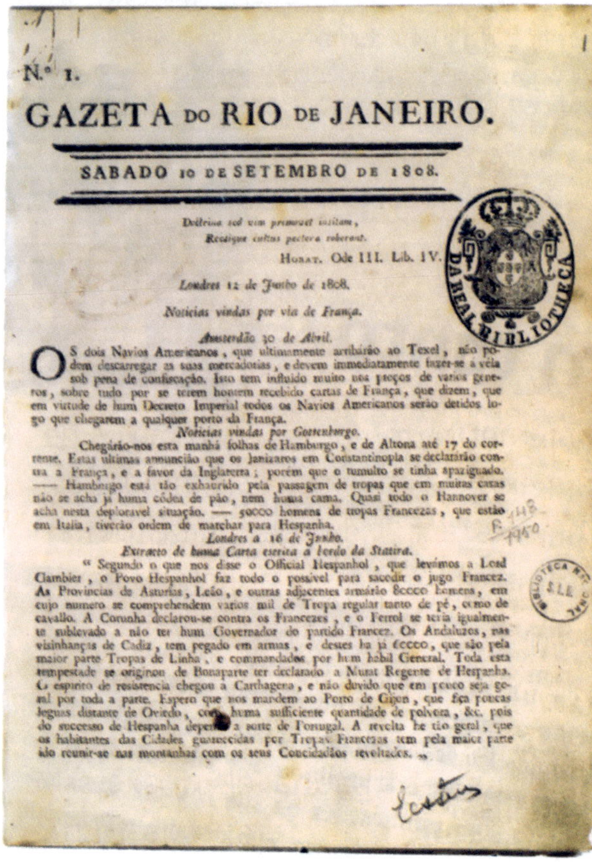

N.º 1.

GAZETA DO RIO DE JANEIRO.

SABADO 10 DE SETEMBRO DE 1808.

Doctrina sed vim promovet insitam,
Rectique cultus pectora roborant.
Horat. Ode III. Lib. IV.

Londres 12 de Junho de 1808.

Noticias vindas por via de França.

Amsterdão 30 de Abril.

OS dois Navios Americanos, que ultimamente arribárão ao Texel, não podem descarregar as suas mercadorias, e devem immediatamente fazer-se á véla sob pena de confiscação. Isto tem influido muito nos preços de varios generos, sobre tudo por se terem hontem recebido cartas de França, que dizem, que em virtude de hum Decreto Imperial todos os Navios Americanos serão detidos logo que chegarem a qualquer porto da França.

Noticias vindas por Gottenburgo.

Chegárão-nos esta manhã folhas de Hamburgo, e de Altona até 17 do corrente. Estas ultimas annuncião que os Janizaros em Constantinopla se declarárão contra a França, e a favor da Inglaterra; porém que o tumulto se tinha apaziguado. — Hamburgo está tão exhaurido pela passagem de tropas que em muitas casas não se acha já huma códea de pão, nem huma cama. Quasi todo o Hannover se acha nesta deploravel situação. — 50000 homens de tropas Francezas, que estão em Italia, tiverão ordem de marchar para Hespanha.

Londres a 16 de Junho.

Extracto de huma Carta escrita a bordo da Statira.

« Segundo o que nos disse o Official Hespanhol, que levámos a Lord Gambier, o Povo Hespanhol faz todo o possivel para sacudir o jugo Francez. As Provincias de Asturias, Leão, e outras adjacentes armárão 80000 homens, em cujo numero se comprehendem varios mil de Tropa regular tanto de pé, como de cavallo. A Corunha declarou-se contra os Francezes, e o Ferrol se teria igualmente sublevado a não ter hum Governador do partido Francez. Os Andaluzes, nas visinhanças de Cadiz, tem pegado em armas, e destes ha já 60000, que são pela maior parte Tropas de Linha, e commandados por hum hábil General. Toda esta tempestade se originou de Bonaparte ter declarado a Murat Regente de Hespanha. O espirito de resistencia chegou a Carthagena, e não duvido que em pouco seja geral por toda a parte. Espero que nos mandem ao Porto de Gijon, que fica poucas leguas distante de Oviedo, com huma sufficiente quantidade de polvora, &c. pois do successo de Hespanha depende a sorte de Portugal. A revolta he tão geral, que os habitantes das Cidades guarnecidas por Tropas Francezas tem pela maior parte ido reunir-se nas montanhas com os seus Concidadãos revoltados. »

Capa da primeira edição do jornal **Gazeta do Rio de Janeiro**, de 10 de setembro de 1808.

Reprodução/Fundação Biblioteca Nacional, Rio de Janeiro, RJ.

FOLHA DE S.PAULO

Desde 1921 ★★★ UM JORNAL A SERVIÇO DO BRASIL folha.com.br

DIRETOR DE REDAÇÃO: OTAVIO FRIAS FILHO · QUINTA-FEIRA, 26 DE OUTUBRO DE 2017 · EDIÇÃO SP/DF · CONCLUÍDA À 0H04 · R$ 4,00

Temer escapa, mas perde apoio

Deputados impedem o envio ao STF da acusação contra o presidente, hospitalizado em Brasília durante a sessão

Planalto buscará agora aprovação de pacote econômico

Derrubada a segunda denúncia, Temer buscará agora consolidar a volta do crescimento, segundo assessores presidenciais. Para isso, enviará ao Congresso um pacote de medidas que incluirá, além da reforma da Previdência, uma simplificação tributária e ações para o ajuste fiscal. Mercado A17

BERNARDO MELLO FRANCO
Ao vencedor, as batatas murchas de um governo desmoralizado Opinião A2

PAINEL
Vitorioso, presidente quer acabar com a tese de que será engolido Poder A6

BRUNO BOGHOSSIAN
Regime presidencialista ainda dá a Temer fôlego contra o Legislativo Poder A5

Temer acena ao deixar hospital em Brasília; após passar por um procedimento emergencial, ele disse estar 'inteiro'

A Câmara dos Deputados impediu, em votação nesta quarta (25), que a segunda denúncia da Procuradoria-Geral da República contra o presidente Michel Temer tivesse prosseguimento.

O ex-procurador-geral da República Rodrigo Janot acusou, no âmbito da Lava Jato, o peemedebista de obstruir a Justiça e comandar organização criminosa.

O presidente teve 251 votos favoráveis na Casa, resultado pior que o registrado em agosto na análise da primeira denúncia (263), em que foi acusado de corrupção. O placar da oposição subiu de 227 para 233 ontem.

Eram necessários 342 votos (de 513) contra o presidente para que a denúncia fosse encaminhada ao STF.

O governo se mobilizou nos últimos dias por apoio a Temer, acelerando liberação de verbas a parlamentares e atendendo a pleitos da numerosa bancada ruralista.

De manhã, enquanto assistia do Planalto à tramitação na Casa, Temer, 77, teve dificuldade para urinar e precisou ser internado. Passou por procedimento de desobstrução urológica e teve alta à noite. Poder A4 e A10

BC corta juro para 7,5% ao ano, menor desde maio de 2013

O Banco Central confirmou as expectativas do mercado e cortou a taxa básica de juros em 0,75 ponto percentual ontem, para 7,5% ao ano. O ritmo de baixa deve diminuir em dezembro, e a projeção é que a taxa termine o ano em 7%. Mercado A21

Governo inclui 13 aeroportos em lista de privatizações

O governo incluiu 13 aeroportos, a maioria de baixa atratividade econômica, em sua lista de privatizações. Eles poderão ser concedidos individualmente ou em blocos. Conforme a Folha antecipou, o aeroporto de Congonhas foi excluído. Mercado A20

EDITORIAIS Opinião A2
Leia "Fato consumado", sobre rejeição da segunda denúncia contra Temer, e "Teletormento", a respeito de marketing invasivo praticado por empresas.

TURISMO
São Miguel dos Milagres ou São Miguel do Gostoso? Compare

MUNDO
Fats Domino, ídolo e rival de Elvis Presley, morre aos 89 anos

Série multimídia 'Um Mundo de Muros', da Folha, ganha prêmio da Cruz Vermelha

CONCENTRAÇÃO Gabriel Medina em Peniche (Portugal), onde ganhou etapa do Mundial de surfe e manteve a chance de ser campeão; etapa final será no Havaí em dezembro Esporte B8

ATMOSFERA Cotidiano B2
Chance de chuva forte à tarde
Mínima 18°C Máxima 29°C

RODÍZIO Cotidiano B2
Não devem circular carros com placas cujo final seja: 7 ou 8

FALE COM A FOLHA
Veja como entrar em contato com o serviço de atendimento ao assinante, as editorias e a ombudsman

Aluno chega aos 8 anos com nível de leitura insuficiente

Mais da metade dos estudantes do terceiro ano do ensino fundamental da rede pública —a maioria com ao menos 8 anos— tem níveis de leitura e matemática considerados insuficientes.

Segundo dados de avaliação nacional de 2016, mais de um terço dos alunos está defasado em escrita. Comparado a 2014, o cenário é de estagnação. Cotidiano B1

Emissão de gases do efeito estufa cresce no Brasil

As emissões brasileiras de gases do efeito estufa cresceram 8,9% de 2015 para 2016, segundo o Observatório do Clima. Foi o segundo ano seguido de aumento nas emissões —e o maior desde 2004. Houve alta no desmatamento no período, e a agropecuária foi a responsável por emitir 74% dos gases. Ciência B7

Capa da edição de 26 de outubro de 2017 do jornal **Folha de S.Paulo**.

Jornal Folha de S.Paulo/Folhapress

1 Observe as capas dos jornais na página 100 e faça o que se pede.

a) Quantos anos se passaram entre a publicação dos dois jornais?

b) Escreva uma semelhança e uma diferença entre as duas capas.

2 Uma das funções mais importantes dos jornais é a crítica. Além de informar o leitor, eles devem estimular o debate e a troca de ideias. Um dos recursos utilizados para isso são as charges e as tirinhas. Leia a tirinha a seguir e faça o que se pede.

Assista

Revista Crescer – Mônica 50 anos

Renato Canini/Acervo do cartunista

CANINI. **Tibica** – O defensor da ecologia. São Paulo: Formato, 2010. p. 16.

a) Qual é o contexto de crítica dessa tirinha?

b) Explique o jogo de palavras usado nessa tirinha.

c) Em uma folha à parte, criem uma tirinha para criticar uma questão importante na região em que vocês vivem.

Plugado no mundo pela internet

A internet está cada vez mais presente na nossa vida. Para crianças e jovens que nasceram no século 21, ou seja, a partir do ano de 2001, acessar a rede por meio de um computador ou celular já faz parte da rotina. No entanto, muitas pessoas ainda não têm acesso à internet no Brasil. Como resultado, ficam excluídas dos benefícios que a internet oferece, como o acesso à informação. Esse problema é chamado de **exclusão digital**.

Uma pesquisa recente mostrou que mais de 5 milhões de jovens no Brasil não tinham acesso à internet ou só acessavam a rede raramente. Veja nos gráficos a seguir como esse problema afeta uma parcela dos jovens no Brasil.

ACESSO À INTERNET NO BRASIL ENTRE JOVENS DE 9 A 17 ANOS (2016)

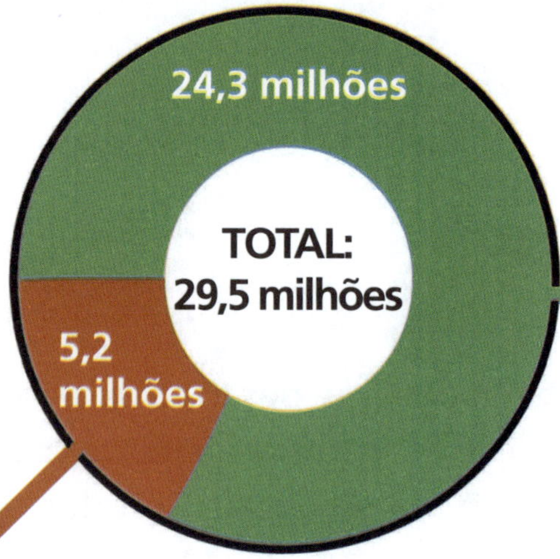

O gráfico acima mostra que a maioria dos jovens tem acesso à internet (em verde). Mas uma grande parcela não tem (em vermelho). Veja ao lado, algumas das atividades que quem tem acesso pode fazer na rede.

Quem não tem acesso à internet no Brasil?

A maioria das crianças e adolescentes sem acesso à internet vive em domicílios cuja renda familiar é mais baixa, ou seja, eles vivem em piores condições socioeconômicas. Observe os dados do gráfico.

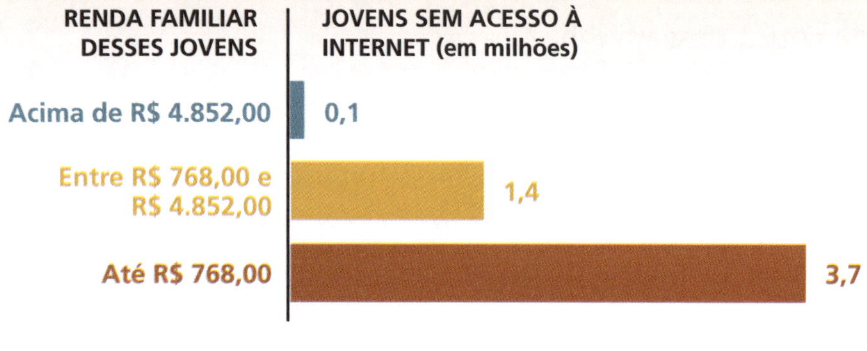

O que faz quem tem acesso à internet?

A pesquisa também mostrou que as principais atividades praticadas por crianças e adolescentes na internet estão relacionadas à busca de informações, à comunicação e ao lazer. Fazer trabalhos escolares foi a atividade mais citada pelos jovens da pesquisa. Veja a seguir quais foram as outras.

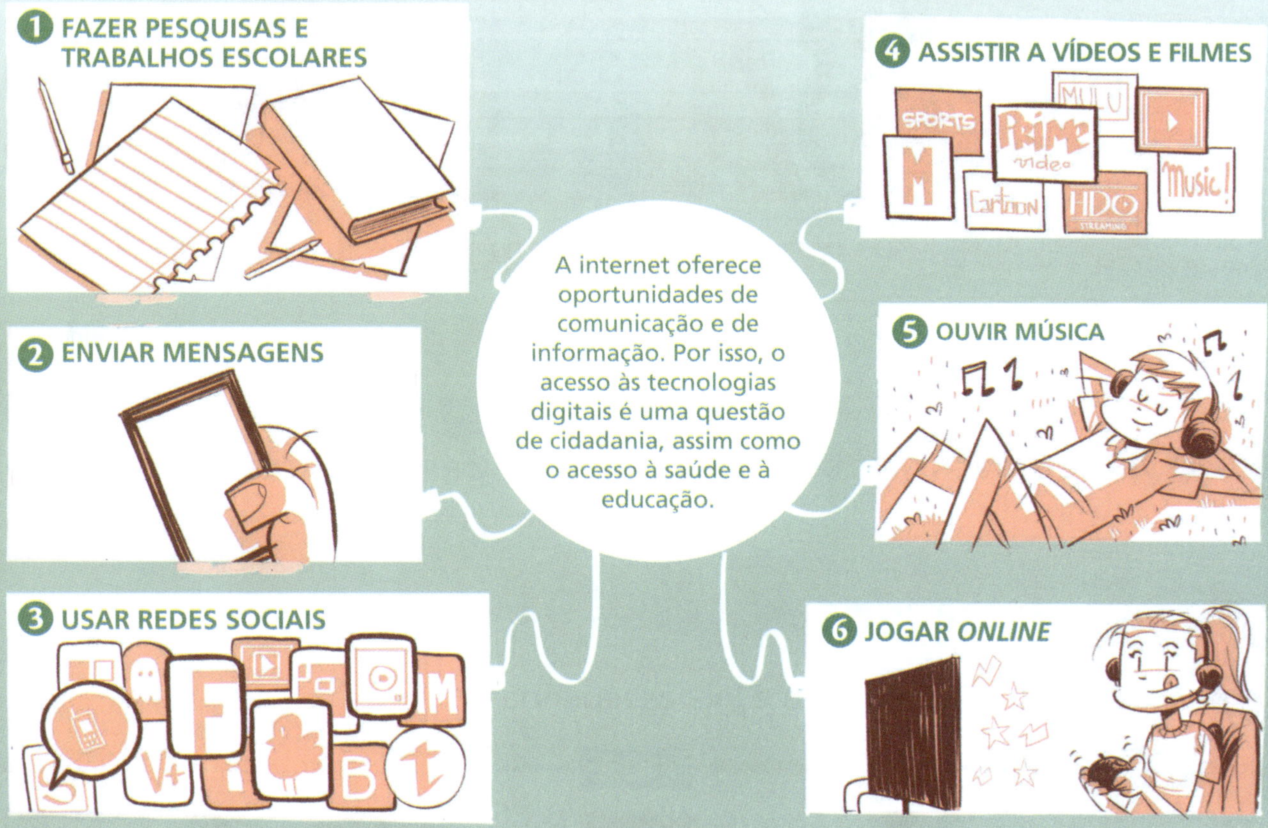

Ilustrações: Eduardo Medeiros

Fonte: CGI.Br. KIDS ONLINE BRASIL - 2016. São Paulo: CGI.br, 2017. Disponível em: <cetic.br>. Acesso em: nov. 2017.

1 **Com base nas informações que você leu, responda:**

a) O que é exclusão digital?

b) Quantas crianças e adolescentes estão na condição de excluídos digitais no Brasil?

c) Por que devemos garantir o acesso à internet a todos?

2 **Vamos fazer uma experiência? Procure ficar sem usar a internet durante um final de semana. Anote o que você fez de diferente com esse tempo livre, como você se sentiu e o que mudou. Ao final, escreva um parágrafo no caderno e compartilhe sua experiência com os colegas.**

Vamos retomar

1 Observe o cartaz.

Reprodução/Secretaria Municipal de Educação

a) O que é anunciado no cartaz?

b) Na sua opinião, por que é importante saber ler e escrever?

c) Anote outras formas de adquirir conhecimentos sem a escrita.

....

....

2 Observe a linha do tempo e leia as legendas.

1852

Luchino/Shutterstock

O telégrafo, o principal sistema de comunicação a longa distância, chegou ao Brasil.

1877

Interfoto/Latinstock

O primeiro telefone é instalado no Brasil. O telefone foi inventado por Alexander Graham Bell a partir do telégrafo.

1922

Niels Poulsen mus/Alamy/Latinstock

Ocorreu a primeira transmissão por ondas de rádio no Brasil.

1950

Tim Caddick/Alamy/Latinstock

A TV chegou ao Brasil e logo se tornou um influente meio de comunicação.

1981

SSPL/Getty Images

Chegou ao Brasil o primeiro computador pessoal (PC).

• Elementos não proporcionais entre si

....	....	....	....	....

• Escreva nos quadros a década em que cada meio de comunicação representado começou a ser usado no Brasil.

Autoavaliação

Terminamos a unidade 7! Leia as frases abaixo e faça um **X** no desenho que melhor expressa sua opinião sobre cada uma delas.

1. Entendi a importância dos meios de comunicação no contato entre as pessoas e na transmissão de informações.			
2. Sei identificar diferentes meios de comunicação.			
3. Aprendi mais sobre a comunicação impressa.			
4. Entendi a importância da tecnologia no desenvolvimento dos meios de comunicação.			

Sugestões

Para ler

- **Daniel no mundo do silêncio,** de Walcyr Carrasco, Ática.

Daniel perde a audição aos 7 anos e precisa aprender a se comunicar com as mãos. A família apoia o menino e ele aprende Libras, a Língua Brasileira de Sinais.

Editora Ática/Arquivo da Editora

Para assistir

- **Revista Crescer – Mônica 50 anos.** Disponível em: <www.youtube.com/watch?v=0WsHCyineyI>. Acesso em: maio de 2018.

Entrevista com o autor Mauricio de Sousa e sua filha Mônica.

Reprodução/<https://www.youtube.com/watch?v=0WsHCyineyI>

UNIDADE

8 Imigrantes chegam ao Brasil

Nesta unidade você vai:

- Compreender como aconteceu a chegada de imigrantes de diferentes origens ao Brasil.
- Entender a situação dos escravizados após a assinatura da Lei Áurea.
- Reconhecer o depoimento como exemplo de fonte histórica.
- Reconhecer a diversidade étnica e cultural do povo brasileiro.
- Identificar algumas contribuições dos imigrantes para a cultura brasileira.

Observe a pintura e converse com os colegas e o professor.

1. A pintura mostra pessoas que vieram da Itália para o Brasil entre o final do século XIX e a primeira metade do século XX. De acordo com essa representação, como eram essas pessoas?
2. Se você tivesse de deixar o Brasil com sua família, do que mais sentiria falta?

Detalhe de **Os emigrantes**, de Angiolo Tomasi, 1896 (óleo sobre tela, de 2,62 m × 4,33 m).

Peter Horree/Alamy/Latinstock/
Galeria Nacional de Arte Moderna e Contemporânea, Roma, Itália.

Quem eram os imigrantes?

Você sabe a origem da sua família? Que povos habitaram, no passado, a região em que você vive? Que outros povos você conhece e que regiões do Brasil os receberam?

Leia

Imigrantes no Brasil do século XIX

Por volta de 1870, uma séria crise econômica atingiu parte da Europa. Na Itália – e também em Portugal, na Espanha e na Alemanha –, muitos trabalhadores tiveram de abandonar suas terras, pois não tinham mais como sustentar a si e a sua família. Começaram então a buscar sustento em países distantes, aonde chegavam com toda a família como imigrantes.

Fotógrafo desconhecido/Acervo Memorial do Imigrante, São Paulo, SP.

Desembarque de imigrantes no porto de Santos, no estado de São Paulo, em 1907.

No mesmo período, o regime de trabalho escravo no Brasil estava em crise, não sendo mais tolerado por parte da população do país e fora dele. O governo do Brasil, portanto, acolheu esses trabalhadores imigrantes para, em parte, substituir a mão de obra escravizada. Esses imigrantes se tornaram a nova força de trabalho livre no país.

Entre 1884 e 1940, imigrantes europeus e asiáticos de diferentes países entraram no Brasil. O processo migratório foi bem intenso nesse período e continuou durante o restante do século XX. Os imigrantes trouxeram, além da força de trabalho, sua cultura, seus valores e suas tradições para o nosso país. Com a chegada desses povos, a população brasileira cresceu e se tornou bastante diversificada.

1 Que acontecimentos históricos contribuíram para a entrada de imigrantes no Brasil entre o final do século XIX e a primeira metade do século XX?

2 Analise os dados da tabela e responda às questões.

Entrada de imigrantes no Brasil (1884-1940)	
Italianos	1 412 200
Portugueses	1 204 400
Espanhóis	581 720
Japoneses	185 800
Alemães	170 700
Russos	108 120
Turcos*	78 500
Poloneses	47 800

*Árabes com passaporte turco.

ALVIM, Zuleika. Imigrantes: a vida privada dos pobres no campo. In: NOVAIS, Fernando A. (Org.). **História da vida privada no Brasil**. São Paulo: Companhia das Letras, 1998. v. 3. p. 233.

a) A que período os dados da tabela se referem?

b) Quais são os continentes de origem dos imigrantes nesse período?

c) De que nação veio a maior parte dos imigrantes nesse período?

d) O que aconteceu com a população do Brasil nesse período?

3 Converse com um familiar e descubra se algum antepassado seu chegou ao Brasil durante essa onda de imigração. Depois, conte para os colegas as descobertas sobre a origem da sua família.

A vida dos imigrantes europeus no sul do Brasil

Os imigrantes chegavam ao Brasil após uma penosa viagem. Aqui encontraram um clima diferente, uma língua que não entendiam e difíceis condições de vida e de trabalho. Mesmo assim, muitos prosperaram e deixaram marcas de sua presença no país.

Por volta de 1824, chegaram os primeiros imigrantes alemães ao sul do Brasil. Eles foram os fundadores do núcleo colonial de São Leopoldo, no atual estado do Rio Grande do Sul. Mais tarde, outros colonos alemães foram atraídos para a região do Vale do Itajaí, no atual estado de Santa Catarina.

Em aproximadamente 1875, formou-se um núcleo colonial de italianos em um local chamado Campos dos Bugres. Essa colônia de imigrantes italianos originou a atual cidade de Caxias do Sul, no Rio Grande do Sul.

Os imigrantes alemães e italianos foram para o sul do Brasil a fim de trabalhar como agricultores em pequenas propriedades familiares. O objetivo deles era povoar terras públicas e plantar para abastecer as cidades vizinhas, como Porto Alegre, capital do Rio Grande do Sul.

Reprodução/Arquivo Histórico Municipal João Spadari Adami, Caxias do Sul, RS.

Imigrantes de origem italiana na região de Caxias do Sul, em 1911. No Rio Grande do Sul, a colonização italiana teve um caráter familiar e estava voltada para a produção agrícola.

Luca Erbes/Futura Press

A cidade de Caxias do Sul abriga a tradicional Festa da Uva, cultura trazida pelos imigrantes italianos. Foto de 2016.

1 Complete o quadro abaixo sobre os imigrantes europeus que se dirigiram ao sul do Brasil.

De onde vieram?	
Que tipo de trabalho faziam?	
Onde foram trabalhar?	

2 Leia o texto, observe a fotografia e responda às questões.

Assim que chegavam ao Brasil, os imigrantes alemães se preocupavam em organizar a comunidade e, nessa tarefa, destacavam-se duas instituições: a Igreja e a escola. Na escola alemã surgia o dilema entre os imigrantes de ensinar ou não a língua portuguesa. Para alguns professores, ensinar o português era indispensável, uma vez que os filhos de imigrantes iriam viver e trabalhar aqui.

Reprodução/CEOM - Centro de Memória do Oeste de Santa Catarina

Escola fundada por imigrantes alemães em Blumenau, no estado de Santa Catarina. Foto de 1880.

a) Qual era o dilema enfrentado pelos colonos alemães no sul do Brasil?

b) Qual era a opinião de alguns professores?

c) Na sua opinião, por que é importante aprender a língua da terra onde vivemos?

3 Observe a fotografia e leia a legenda.

Monumento Nacional ao Imigrante, na cidade de Caxias do Sul, Rio Grande do Sul. Foto de 2015. A partir do final do século XIX, os imigrantes, fugindo de uma grave crise econômica na Europa, substituíram a mão de obra escravizada e se tornaram a nova força de trabalho livre no Brasil.

Gerson Gerloff/Pulsar Imagens

- Agora, complete corretamente o texto com as palavras abaixo.

desenvolvimento | memória | imigrantes

Esse monumento foi construído em .... aos .... que, no passado, contribuíram para o .... de Caxias do Sul e da região sul do Brasil.

Vamos falar sobre...

Solidariedade

Ser solidário é ter empatia e ajudar aqueles que necessitam. Em alguns momentos da vida, como em viagens, mudanças, acidentes ou doenças, ter a solidariedade de amigos, vizinhos ou mesmo de pessoas que não conhecemos pode ser fundamental.

Os imigrantes receberam ajuda para enfrentar algumas dificuldades em seu dia a dia depois de chegarem ao Brasil, como aprender uma nova língua e encontrar trabalho e moradia.

Poder ajudar alguém normalmente nos traz uma sensação de satisfação e bem-estar.

- **Você já foi solidário com alguém? Em caso afirmativo, comente com os colegas como foi essa experiência e como você se sentiu.**

Fernando Favoretto/Criar Imagem

Jovem ajuda idoso em transporte público na cidade de São Paulo, no estado de São Paulo. Foto de 2016.

São Paulo, os imigrantes e o café

A partir de 1870, estabeleceu-se uma política pública que financiava a vinda de imigrantes para trabalhar em grandes propriedades cafeeiras em São Paulo, onde se concentrava a produção do café. Essa política prosperou e os novos imigrantes chegaram em massa para cumprir a função que antes era dos escravizados.

Na Europa, os imigrantes embarcavam em navios lotados e eram acomodados em porões úmidos e com pouca ventilação, no setor chamado de terceira classe. Cerca de vinte dias depois, desembarcavam no porto do Rio de Janeiro, no estado do Rio de Janeiro, ou no de Santos, no estado de São Paulo.

Os que desembarcavam no porto de Santos eram transportados de trem até a Hospedaria dos Imigrantes, na cidade de São Paulo, onde assinavam contrato de trabalho. De lá seguiam para as fazendas de café no interior paulista.

Os imigrantes europeus chegavam com muita vontade de trabalhar. Muitos pretendiam comprar um pedaço de terra e se tornar pequenos proprietários. No entanto, nem sempre era assim que acontecia. Nessas fazendas, os imigrantes enfrentavam muitas dificuldades, como doenças, moradias precárias e falta de escolas.

Ao longo do tempo, os costumes que os imigrantes trouxeram de seu país de origem foram sendo incorporados ao cotidiano das pessoas que já viviam aqui.

Autor desconhecido/Acervo Museu da Imigração do Estado de São Paulo, SP.

Desembarque de imigrantes na estação da Hospedaria dos Imigrantes, na cidade de São Paulo. Foto de 1907.

1 Observe a fotografia abaixo e responda às questões.

George Rinhart/Corbis/Getty Images

Os imigrantes europeus trabalhavam intensamente nas fazendas de café, onde se ocupavam de diferentes tarefas. O contrato de trabalho exigia a participação de toda a família: homens, mulheres e crianças a partir de 6 anos. O esforço dessas famílias que trabalhavam unidas era muito grande, mas o ganho, muitas vezes, não era compensador. Na foto, colheita de café no estado de São Paulo, nas primeiras décadas do século XX.

a) Que tipo de atividade era realizada pelas pessoas retratadas?

....

b) Quem trabalhava nas fazendas de café?

....

c) Na sua opinião, por que esse era um trabalho pesado?

....

....

....

2 A maioria dos imigrantes que foram trabalhar nas fazendas de café não conseguiu realizar seu sonho. Explique essa frase.

....

....

....

Enfim, a libertação dos escravizados...

Na sua opinião, como foi a adaptação dos escravizados libertos à sociedade após a abolição da escravidão?

Depois de muitos anos, o **movimento abolicionista**, que lutava pelo fim da escravidão, ganhou força. Em 1888, foi assinada a **Lei Áurea**, que decretou o fim da escravidão no Brasil. A partir desse momento, a mão de obra escravizada passou a ser proibida no país.

E o que aconteceu com as pessoas que haviam sido escravizadas? Algumas migraram do campo para a cidade. Aquelas que já tinham um ofício nas cidades foram incorporadas como trabalhadores livres. Outras permaneceram no campo trabalhando livremente e recebendo pequenos salários.

Muitas dessas pessoas, no entanto, não encontraram trabalho nem moradia. Após a abolição da escravidão, não houve nenhuma assistência do governo para integrar os escravizados libertos à sociedade, de forma que se tornassem cidadãos plenos. Muitos dos ex-escravizados não tiveram acesso à terra e à educação, e ainda tiveram que conviver com a discriminação e o preconceito da sociedade.

Acervo Iconographia/Reminiscências

O abolicionista Luís Gama (1830-1882) foi vendido como escravo em 1840 pelo próprio pai, mesmo sendo filho de mãe livre. Ao longo da vida conseguiu se formar advogado e ajudou a libertar muitos escravizados por meio dos tribunais. Sua história e sua luta continuam inspirando muita gente.

1 **Muitas pessoas que haviam sido escravizadas tiveram de conviver com a discriminação após a abolição da escravatura. O que significa isso? Troque ideias com um colega e anote suas conclusões no caderno.**

2 **Converse com os colegas sobre a questão abaixo e registre suas conclusões.**

O que significa deixar de ser escravo e se tornar um trabalhador livre?

3 Observe as imagens e leia as legendas. Estabeleça uma comparação entre elas e, depois, responda às questões.

A

Escravos comemoram a libertação, ilustração de Angelo Agostini publicada na **Revista Illustrada** em 1888.

B

Propaganda de café veiculada pelo jornal **Correio Paulistano**, em 10 de agosto de 1899.

a) O que a imagem **A** representa?

b) O que a imagem **B** representa?

c) Em que ano a imagem **A** foi feita? Quantos anos depois foi feita a imagem **B**?

d) O que essas duas imagens informam sobre a condição dos escravizados libertos após a abolição da escravidão?

4 Leia o texto a seguir, observe a fotografia e responda às questões.

Após a abolição da escravatura, devido a algumas dificuldades que os ex-escravizados enfrentaram e à falta de iniciativas governamentais para sua inclusão social, muitos deles juntaram-se às populações dos quilombos espalhados pelo território brasileiro.

Passados mais de cem anos do final do regime escravocrata, ainda há inúmeras comunidades quilombolas presentes e atuantes. Essas comunidades lutam pelo direito de posse da terra onde vivem e para preservar sua identidade e a memória de seus antepassados.

Rubens Chaves/Pulsar Imagens

Mulheres do quilombo de São Francisco do Paraguaçu extraindo carne de caranguejo. Cachoeira, na Bahia, em 2016.

a) Por que alguns ex-escravizados buscaram os quilombos para viver?

b) Os quilombos foram uma forma de resistência durante o período em que durou a escravidão no Brasil. O que aconteceu com eles após a abolição dos escravizados?

Fazendo História!

Memória de imigrante

As pessoas de diferentes lugares do mundo que vieram para o Brasil guardam na memória os sonhos, as aventuras e as dificuldades que viveram aqui.

A memória e o depoimento dessas pessoas são muito importantes para conhecermos e compreendermos a nossa história, a da nossa família e a do lugar onde vivemos.

1 Leia o depoimento da escritora russa Tatiana Belinky (1919-2013), que emigrou para o Brasil em 1929. Ela e a família viveram em São Paulo.

Papai veio na frente. Depois mandou nos chamar. Aí viemos, mamãe e as três crianças. Sem saber a língua, sem dinheiro, sem nada. [...]

No navio havia um salão comprido reservado para o almoço. Todos comiam lá. E aquele lugar era o paraíso, sabe por quê? Porque havia bananas! Em cima da mesa! Banana nós só víamos uma vez por ano, e uma banana só.

[...]

Na minha imaginação, a banana aparecia em uma árvore grande, com dez metros de altura, e cada árvore dava apenas uma banana. Aí, quando eu via em cima da mesa um cacho de bananas, uma coisa assim, era extraordinário, a gente queria avançar. [...]

Para uma criança, aquela viagem não foi entediante, ao contrário, foi interessantíssima. Imagina, o deque, o mar, poder dar voltas... O pôr do sol, o nascer do sol, coisas maravilhosas, extraordinárias, belíssimas. O balanço do mar.

Eu não enjoava. Eu descia para comer e metade do povo nem comparecia mais, porque estava enjoado. Eu não, para mim era interessante demais para ficar enjoando, não podia perder tempo enjoando. E, voltando às bananas, meu primeiro amor brasileiro foram as bananas mesmo, porque quando o navio chegou ao Rio de Janeiro, eu olhei para baixo e eis que estava ali um cacho de bananas, da minha altura, uma coisa assim. [...] Era coisa de conto de fadas. Parecia o país mais rico do mundo. Eram tantas bananas assim, largadas ali no meio do porto. Foi extraordinário. E eu amo banana até hoje.

ROVERI, Sergio. **Tatiana Belinky**. São Paulo: Imprensa Oficial, 2007. p. 50-55. (Coleção Aplauso: perfil).

Jefferson Galdino/Arquivo da editora

- Agora, responda no caderno.
  - a) Quem é o personagem principal da história? De onde ele veio?
  - b) Como foi a viagem desse personagem e de sua família para o Brasil?

Victor Moriyama/Folhapress

Tatiana Belinky aos 93 anos. A escritora viveu no Brasil por mais de 80 anos. Foto de 2012.

2 Observe o documento e responda às questões.

a) O documento é atual ou antigo? Como você descobriu?

....

....

....

....

....

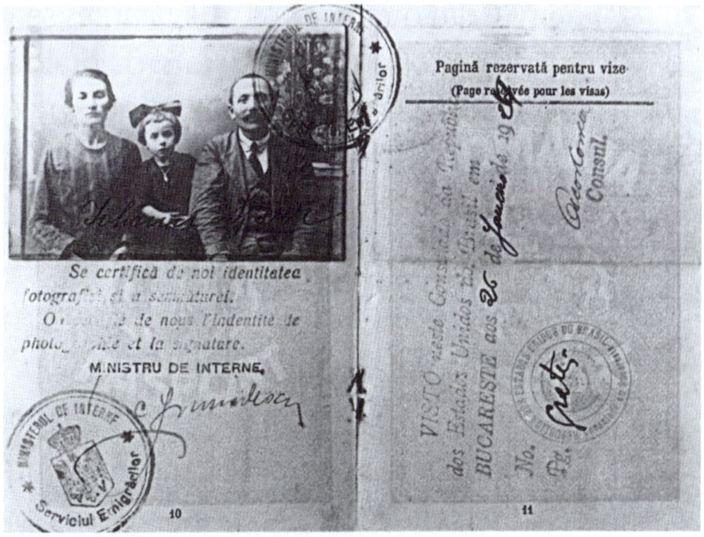

Reprodução/Acervo do Museu da Imigração, São Paulo, SP

Passaporte de cerca de 1924.

b) Você sabe dizer que documento é esse e para que ele serve? Troque ideias com os colegas.

3 Entreviste uma pessoa que veio do exterior ou de outra região do país para a cidade em que você mora. Siga o roteiro abaixo.

a) Quando você chegou à cidade?
b) Você veio sozinho(a) ou com outras pessoas?
c) Que motivos trouxeram você para a cidade?
d) Conte como foi a sua viagem.
e) Do que mais você gostou quando chegou? E do que não gostou?

- Registre as informações em uma folha à parte e compartilhe-as com os colegas.

Novos imigrantes

Leia
Histórias de avô e avó

Você sabe o significado de multiculturalismo? Explique por que o Brasil é um país multicultural.

Imigrantes de culturas e hábitos muito diferentes vieram para o Brasil: alemães, italianos, portugueses, espanhóis, poloneses, sírio-libaneses, japoneses, entre outros. Assim, europeus, asiáticos e africanos passaram a conviver no país.

Alguns imigrantes não se adaptaram e acabaram retornando ao seu país de origem. Com o tempo, os que ficaram se integraram ao país e adotaram hábitos brasileiros, bem como influenciaram os brasileiros com seus hábitos e sua cultura. Esse foi o caso, por exemplo, dos japoneses.

A chegada dos primeiros japoneses

Os primeiros imigrantes japoneses chegaram ao Brasil a bordo do navio Kasato Maru, que atracou no porto de Santos em 1908.

O Japão passava por um momento de grande aumento populacional e, por isso, não havia empregos para toda a população. Por sua vez, o Brasil precisava de mão de obra estrangeira para a lavoura de café. Assim, foi feito um acordo entre os dois países, marcando o começo de uma história que dura até hoje.

Autoria desconhecida/Acervo do Memorial do Imigrante, São Paulo, SP.

Imigrante japonês, à esquerda, peneirando café junto com brasileiro, no interior do estado de São Paulo. Foto da década de 1930. Os japoneses foram o último grupo de imigrantes a se instalar nas fazendas de café do interior paulista. O sonho desses imigrantes era trabalhar muito, juntar dinheiro e retornar ao Japão. Contudo, isso dificilmente acontecia.

A cultura japonesa no Brasil

Os imigrantes japoneses tiveram dificuldades para se adaptar ao Brasil. Sua cultura – língua, hábitos alimentares, vestuário – era muito diferente da existente aqui.

Eles trouxeram várias contribuições ao Brasil. Na agricultura, introduziram o cultivo de certas hortaliças e frutas, como a acelga, a soja e o caqui, que hoje fazem parte da nossa alimentação.

Outra contribuição muito importante foi para o esporte brasileiro: a prática de artes marciais, como o judô, o caratê e o quendô (luta de espadas), foi introduzida no país por esses imigrantes e seus descendentes.

Jéssica Santana/FramePhoto/Folhapress

Copa Internacional de Seleções de Judô, realizada no Centro Pan-Americano de Judô, em Salvador, na Bahia. Foto de 2017.

As imagens ao lado marcam as comemorações do centenário da chegada dos primeiros imigrantes japoneses ao Brasil.

Em 2008, comemoraram-se os 100 anos da chegada dos primeiros japoneses ao Brasil. A artista plástica Tomie Ohtake marcou esse acontecimento com uma imponente escultura entregue à cidade de Santos. Foto (ao lado) de 2009. No Porto de Santos, litoral paulista, desembarcavam os imigrantes vindos de diferentes regiões do mundo.

Rubens Chaves/Pulsar Imagens

Reprodução/Banco Central do Brasil

Moeda comemorativa do centenário da imigração japonesa no Brasil

1 **Que acontecimento foi comemorado em 2008?**

....

....

2 **Diferentes etnias de imigrantes (italianos, alemães, espanhóis, japoneses e outros) chegaram ao Porto de Santos e de lá partiram para diferentes locais do Brasil. Escolha uma dessas etnias e pesquise exemplos de sua contribuição para a cultura brasileira. Depois, faça um cartaz coletivo na classe com a contribuição de todos.**

Vamos retomar

1 **Assinale as afirmativas que explicam o movimento de imigração de europeus para o Brasil ocorrido entre o final do século XIX e o início do século XX.**

- [ ] As passagens para o Brasil eram muito baratas.
- [ ] Parte da Europa enfrentava uma grave crise econômica.
- [ ] Os brasileiros eram muito alegres e recebiam muito bem os imigrantes.
- [ ] O regime de escravidão estava em crise e buscavam-se trabalhadores livres.

2 **Responda às perguntas.**

a) Qual foi o objetivo da imigração no sul do Brasil?

....

b) Onde trabalhavam os imigrantes no interior de São Paulo?

....

3 **Observe a fotografia e leia a legenda. Depois, responda às questões.**

Cesar Diniz/Pulsar Imagens

Monumento em homenagem aos imigrantes japoneses, em Santos, no estado de São Paulo. Foto de 2012.

a) Quem está sendo homenageado com esse monumento em Santos?

....

b) Na sua opinião, por que, em muitas cidades brasileiras, existem monumentos aos imigrantes?

Autoavaliação

Terminamos a unidade 8! Leia as frases abaixo e faça um **X** no desenho que melhor expressa sua opinião sobre cada uma delas.

1. Compreendi como aconteceu a chegada de imigrantes de diferentes origens ao Brasil.			
2. Entendi a situação dos escravizados após a assinatura da Lei Áurea.			
3. Reconheço o depoimento como exemplo de fonte histórica.			
4. Reconheço a diversidade étnica e cultural do povo brasileiro.			
5. Sei identificar algumas contribuições dos imigrantes para a cultura brasileira.			

Sugestões

Para ler

Companhia das Letrinhas/Arquivo da editora

- **Histórias de avô e avó**, de Arthur Nestrovski, Companhia das Letrinhas.

  O livro integra a coleção Memória e História, voltada para o passado do povo brasileiro, com destaque para os diferentes grupos que o formam. O autor relata a história de seus avós, imigrantes russos de origem judaica.

Atual Editora/Arquivo da editora

- **Imigrantes no Brasil do século XIX**, de Edilene Toledo e Jefferson Cano, Atual.

  O livro relata a chegada de imigrantes portugueses, alemães, espanhóis, italianos e muitos outros ao Brasil, no século XIX. Aspectos importantes da vida desses imigrantes, que hoje fazem parte da história dos trabalhadores brasileiros, são retratados de forma clara e objetiva.

UNIDADE 9

Brasil: um povo de muitos povos

Nesta unidade você vai:

- Reconhecer a cultura brasileira como resultado da mistura de diferentes tradições culturais.
- Compreender o problema do preconceito e suas consequências.
- Identificar algumas contribuições dos imigrantes para a cultura brasileira.

Observe a fotografia e converse com os colegas e o professor.

1. Você se identifica com algum desses jovens? Por quê?
2. Você acredita que a chegada de imigrantes ao Brasil aumentou ou diminuiu a diversidade étnica do povo brasileiro? Explique.

O povo brasileiro é formado por diferentes etnias, como brancos, indígenas, negros, orientais, judeus, árabes, etc. Pouco a pouco, essas etnias foram se misturando e compondo os diferentes traços e tipos que nos identificam como um povo miscigenado e multicultural.

Pamela Albin Moore/fstop123/Getty Images

Comunidades de imigrantes no Brasil

Leia
Imigrantes e mascates

O que significa dizer que o Brasil é um país de imigrantes?

No século XX, as cidades brasileiras começaram a se expandir rapidamente, gerando riquezas e atraindo muitos imigrantes que trabalhavam no campo. Nas cidades, eles exerciam profissões variadas, como comerciantes e trabalhadores da indústria. Essas cidades grandes, onde é comum encontrarmos pessoas de diferentes lugares do mundo, são chamadas cosmopolitas.

A vida cotidiana dos imigrantes no seu novo local de moradia não era fácil. Eles trabalhavam como estivadores, operários, artesãos e pequenos comerciantes. Esses empregos eram menos valorizados e geralmente disputados com os grupos mais pobres da população local, como mestiços e negros, que, depois da abolição da escravidão, também foram viver nas cidades. Apesar disso, muitos imigrantes logo conseguiram emprego, pois o Brasil estava crescendo e precisava de diferentes profissionais. Alguns desses imigrantes fizeram fortuna no Brasil.

Nas próximas páginas, vamos conhecer melhor dois desses grupos de imigrantes que vieram viver e trabalhar nas cidades: os sírio-libaneses e os judeus.

Acervo Iconographia/Reminiscências

Imigrantes italianos na indústria Matarazzo, na cidade de São Paulo, estado de São Paulo, no início do século XX.

Acervo Museu da Imigração/Arquivo Público do Estado de São Paulo, São Paulo, SP.

Trabalhadores imigrantes carregam carga no porto de Santos, estado de São Paulo, em cerca de 1910.

Acesse
Museu da Pessoa

Os sírio-libaneses

Foram os primeiros imigrantes árabes que chegaram ao Brasil, entre o final do século XIX e o início do século XX. Hoje existem cerca de 8 milhões de brasileiros de **ascendência** árabe, a maior parte deles de origem síria ou libanesa.

Os imigrantes árabes costumavam exercer a profissão de comerciante. Abriam pequenos estabelecimentos comerciais ou atuavam como **mascates**. Os mascates percorriam o Brasil vendendo vários tipos de produto vindos da Europa e da Ásia.

ascendência: origem de um indivíduo, de um grupo social ou de um povo.
mascate: vendedor ambulante.

Tom Vieira/AGIF/Agência France-Presse

A rua 25 de Março é um grande ponto de comércio na cidade de São Paulo. Imigrantes de origem síria e libanesa fixaram-se nessa região a partir do século XIX. Foto de 2016.

Acervo Museu da Imigração/Arquivo Público do Estado de São Paulo, São Paulo, SP.

Armarinho de imigrantes sírio-libaneses na rua 25 de Março, em cerca de 1950.

Leia a seguir o depoimento de Nabih Abdalla, filho de imigrantes sírio-libaneses, sobre a vida dos mascates na época em que seu pai emigrou para o Brasil:

> Esses imigrantes saíam quase todos para mascatear, o que não era fácil, pois não tendo sido comerciantes em sua terra, tinham que aprender a profissão. Também não conheciam a língua e muito menos os bairros e a cidade. [...] o dono do negócio carregava uma cesta grande cheia de armarinhos e, na outra mão, uma matraca para anunciar sua presença, produzindo um som penetrante característico.
>
> GREIBER, Betty Loeb; MALUF, Lina Saigh; MATTAR, Vera Cattini. **Memórias da imigração:** sírios e libaneses em São Paulo. São Paulo: Discurso, 1998. p. 81.

Os judeus

Assim como os imigrantes árabes, muitos judeus vieram para o Brasil no século XX. A emigração judaica partia de diferentes países.

Os judeus saíam de seus países de origem para fugir da perseguição na Europa (principalmente na Alemanha, na Itália e na Rússia). O motivo dessa perseguição era a sua religião, ou seja, os judeus tinham crenças e práticas religiosas diferentes das da maioria das pessoas. Por isso, muitas famílias de origem judaica foram obrigadas a se refugiar em outros países, como Estados Unidos, Argentina e Brasil. Nesses países, eles podiam viver, trabalhar e praticar sua religião.

Autoria desconhecida/Acervo digital do Museu da Imigração do Estado de São Paulo, São Paulo, SP.

Família judia na cidade de São Paulo, estado de São Paulo, no início do século XX.

1 **Releia o texto da página 127 e responda às questões a seguir.**

a) Segundo Nabih Abdalla, quais foram as dificuldades dos imigrantes sírio-libaneses assim que chegaram ao Brasil?

....

....

....

....

b) Sobre qual profissão o texto está falando?

....

2 Vamos aprender mais sobre a cultura dos imigrantes sírio-libaneses e judeus? Pesquise sobre os **hábitos alimentares** desses povos e anote as informações. Depois, conte aos colegas o que descobriu.

- Hábitos alimentares dos sírio-libaneses: ....

....

....

....

- Hábitos alimentares dos judeus: ....

....

....

....

Vamos falar sobre...

Repúdio ao preconceito

Biry Sarkis/Arquivo da editora

Você sabe o que é preconceito? É fazer um julgamento antes de saber mais sobre o assunto e sem consultar ninguém que entenda dele.

Por que temos preconceito? Possivelmente porque sentimos medo daquilo que é diferente e desconhecido. Se deixarmos a visão preconceituosa de lado, vamos descobrir que a outra pessoa é muito parecida conosco, pois tem as mesmas necessidades que as nossas, como: se alimentar, dormir, aprender e ser amada. O "outro", o "diferente" tem também um jeito que é só dele. Isso é muito legal, pois torna o mundo mais diversificado e divertido. Já pensou nisso?

- **Você já aprendeu algo novo com algum colega que possui costumes diferentes dos seus? Conte sua experiência à turma.**

Contribuição dos imigrantes

Você conhece alguém que saiu de seu país de origem para vir morar no Brasil?

Desde a chegada dos primeiros portugueses, os imigrantes fazem parte da história do Brasil. Sua presença resultou em muitas contribuições para a economia, a sociedade e a cultura brasileiras. No entanto, a história dos imigrantes não termina aqui.

Muitos imigrantes continuam chegando ao Brasil, vindos principalmente de países da América Latina e da África. Eles buscam uma vida mais digna, fugindo, muitas vezes, de conflitos, catástrofes naturais e crises econômicas.

Marcell Roncon/Futura Press

Imigrantes bolivianos desfilam durante festa realizada em avenida da cidade de São Paulo, no estado de São Paulo. Foto de 2017.

Elizabeth Paik/Futura Press

Apresentação da banda **Os escolhidos**, composta por imigrantes angolanos e congoleses, na cidade de São Paulo, estado de São Paulo. Foto de 2017.

Danilo Verpa/Folhapress

Venezuelanos reunidos em frente da sede da Polícia Federal em Boa Vista, estado de Roraima, para pedir refúgio. Foto de 2017.

1 **Em 2010, um terremoto matou 230 mil pessoas e deixou mais de 1,5 milhão de desabrigados no Haiti. Devido a esse desastre natural, muitos haitianos já emigraram para o Brasil, principalmente para a região Sul. Leia a reportagem a seguir e responda às questões.**

Mil e cinco estudantes haitianos já estão matriculados em escolas públicas brasileiras, 262 só em Santa Catarina. Boa parte deles, na região que prosperou com a imigração. Blumenau foi fundada por imigrantes alemães. A escola municipal Lauro Müller tem o nome de um político descendente de alemães. Quase todas as crianças que estudam vêm de famílias que, no passado, viveram as privações e dificuldades da adaptação a um país estranho. A experiência radical do encontro de culturas diferentes está de volta a Blumenau.

As colegas que vieram de longe são as estrelas da aula de geografia. De viajar, Gine entende. Saiu de Les Cayes para a capital, Porto Príncipe. Dali, para o Panamá. Depois, Venezuela. Entrou no Brasil por Manaus. Foi a Brasília e São Paulo, até chegar a Blumenau, onde encontrou uma escola diferente da que conhecia.

Imigrante diz que muitos brasileiros consideram haitianos como escravos. **Globo.com**. Disponível em: <http://g1.globo.com/fantastico/noticia/2015/07/imigrante-diz-que-muitos-brasileiros-consideram-haitianos-como-escravos.html>. Acesso em: maio de 2018.

a) Por que o texto diz que o encontro de culturas está de volta a Blumenau?

b) Por que as crianças haitianas são consideradas "estrelas da aula de Geografia"?

Fazendo História!

Alimentação e diversidade cultural

Entre os costumes que caracterizam a cultura de um povo estão os seus hábitos alimentares. Aquilo que costumamos comer, as receitas culinárias tradicionais e o modo de preparar os alimentos são transmitidos de geração em geração e fazem parte do nosso patrimônio imaterial.

O povo brasileiro é formado principalmente pela mistura de três culturas muito marcantes: a portuguesa, a africana e a indígena. Com a chegada de novas comunidades de imigrantes ao Brasil, outras tradições culturais somaram-se a essas três. No caso da culinária, alguns exemplos são: o preparo e o consumo de massas e *pizzas*, introduzidos pelos italianos, e o cultivo e o consumo de verduras e legumes, difundidos pelos japoneses.

honobono/Shutterstock

Amana Images/Getty Images

AN NGUYEN/Shutterstock

A poncã (à esquerda) e o tomate *momotaro* (no centro), de origem japonesa, e a abóbora *kabocha* (à direita), de origem asiática, são exemplos de frutas e legumes consumidos no Brasil por influência dos imigrantes japoneses.

• Elementos não proporcionais entre si

Alguns alimentos africanos

O azeite de dendê é extraído de uma planta africana, o dendezeiro. Essa planta foi trazida para o Brasil por traficantes de escravos já no século XVI, mas, durante muito tempo, os brasileiros continuaram consumindo o azeite vindo da África, antes de fabricá-lo aqui.

Já o quiabo foi trazido para o Brasil pelos africanos escravizados. Esse fruto é utilizado no preparo de diversos pratos brasileiros, como o frango com quiabo, prato típico do estado de Minas Gerais.

Rubens Chaves/Pulsar Imagens

Azeite de dendê.

1 De acordo com o texto, o povo brasileiro é formado por quais culturas?

2 Pesquise e cite exemplos de hábitos alimentares introduzidos no Brasil pelos imigrantes.

3 O **caruru** é uma receita que provavelmente foi trazida ao Brasil pelos africanos escravizados. Atualmente, ele é um prato típico da culinária baiana. Leia, ao lado, alguns ingredientes usados no preparo desse prato e, depois, responda às questões.

Caruru

1 kg de quiabo
1 cebola grande ralada
2 dentes de alho
½ kg de camarão
200 g de castanha-de-caju moída
1 xícara de chá de azeite de dendê
Gengibre ralado a gosto
Suco de 1 limão

a) Você já provou o caruru? Ele é um prato típico de qual culinária?

b) O que há em comum entre o dendezeiro e o quiabo?

c) Suponha que você vai à feira comprar os ingredientes para preparar essa receita. De quantos gramas de camarão e de quiabo você precisaria?

4 Imagine que você vai receber amigos que vivem em outra região do Brasil e gostaria de preparar para eles um prato típico da sua região. Que prato você prepararia? Escolha o prato, pesquise a receita e peça a ajuda de um adulto para prepará-lo. Depois, traga o prato que você escolheu e uma foto da pessoa que o ajudou no preparo para expor na sala de aula. Por fim, aproveite para degustar as receitas trazidas e festejar o encerramento do ano com os colegas.

Vamos retomar

1. Em sua opinião, quais são as diferenças entre a imigração que aconteceu no início do século XX e a que acontece atualmente?

2. Cite um aspecto que diferencia a emigração dos judeus da emigração de outros povos para o Brasil.

3. Observe a fotografia e leia a legenda.

Acervo Museu da Imigração/Arquivo Público do Estado de São Paulo, São Paulo, SP.

Imigrantes da Letônia (país báltico) que vieram para o Brasil no começo do século XX fugindo de perseguições religiosas da Rússia. Rio Claro, São Paulo, 1915.

a) O que a fotografia documenta?

b) Essa fotografia é atual ou antiga?

Autoavaliação

Terminamos a unidade 9! Leia as frases abaixo e faça um **X** no desenho que melhor expressa sua opinião sobre cada uma delas.

1. Reconheço a cultura brasileira como resultado da mistura de diferentes tradições culturais.			
2. Compreendo o problema do preconceito e suas consequências.			
3. Sei identificar algumas contribuições dos imigrantes para a cultura brasileira.			

Sugestões

Para ler

- **Imigrantes e mascates,** de Bernardo Kucinski. Coleção Memória e História, Companhia das Letrinhas.

  Nesse livro, o autor, filho de poloneses que emigraram para o Brasil quatro anos antes do início da Segunda Guerra Mundial, conta como foi sua infância em São Paulo e como sua família se adaptou ao país em que passou a viver.

Companhia das Letrinhas/Arquivo da editora

Para acessar

Reprodução/<www.museudapessoa.net>

- Museu da Pessoa: <www.museudapessoa.net/pt/home>. Acesso em: maio de 2018.

  Conheça e ouça relatos compartilhados por pessoas comuns que fazem parte da história da vida rural e urbana no Brasil. Entre eles, muitos relatos de imigrantes que trouxeram ao Brasil suas vivências, hábitos e costumes.

AMADO, Janaína; FIGUEIREDO, Luiz Carlos. *Terra à vista!* A viagem de Cabral ao Brasil e à Índia. São Paulo: Atual, 2000.

ANGTHICHAY et al. *O povo Pataxó e suas histórias*. São Paulo: Global, 2002.

BUENO, Eduardo. *Náufragos, traficantes e degredados*. Rio de Janeiro: Objetiva, 1998.

_________. *A Coroa, a cruz e a espada*: lei, ordem e corrupção no Brasil colônia. Rio de Janeiro: Objetiva, 2006. (Coleção Terra Brasilis).

CALDEIRA, Jorge. *Viagem pela História do Brasil*. São Paulo: Companhia das Letras, 1999.

CAPRA, F. et al. *Alfabetização ecológica*: a educação das crianças para um mundo sustentável. São Paulo: Cultrix, 2006.

COMUNIDADE Intermunicipal Pinhal Interior Norte (CIM do PIN); SOCIEDADE Portuguesa de Inovação. *A escola e a sustentabilidade*. Disponível em: <www.cm-penela.pt/agenda21local/docs/guiaBoasPraticas_escolas.pdf>. Acesso em: janeiro de 2018.

COSTA, Sérgio Roberto. *Dicionário de gêneros textuais*. São Paulo: Autêntica, 2009.

DEL PRIORE, Mary (Org.). *História das mulheres no Brasil*. São Paulo: Contexto, 2006.

DEL PRIORE, Mary; VENÂNCIO, Renato. *Ancestrais*. Rio de Janeiro: Ediouro, 2001.

_________. *O livro de ouro da História do Brasil*. Rio de Janeiro: Ediouro, 2001.

FAUSTO, Boris. *História do Brasil*. São Paulo: Edusp, 1995.

FLORENTINO, Manolo. *Em costas negras*: uma história do tráfico de escravos entre a África e o Rio de Janeiro. São Paulo: Companhia das Letras, 1997.

FRAGA, Walter; ALBUQUERQUE, Wlamyra R. de. *Uma história da cultura afro-brasileira*. São Paulo: Moderna, 2009.

FRANZ, Teresinha Sueli. *Educação para uma compreensão crítica da arte*. Florianópolis: Letras Contemporâneas, 2003.

FUNARI, Pedro; NOELI, Francisco. *Pré-história do Brasil*. São Paulo: Contexto, 2002.

GRUZINSKI, Serge. *1480-1520*: a passagem do século. São Paulo: Companhia das Letras, 1999. (Virando séculos).

IGLESIAS, Francisco. *Trajetória política do Brasil*: 1500-1964. São Paulo: Companhia das Letras, 1993.

IMBROISI, Renato; KUBRUSLY, Maria Emilia. *Lá e cá*: trocas culturais entre o Brasil e países africanos de língua portuguesa. São Paulo: Senac, 2013.

JEKUPÉ, Kaka Werá. *A terra dos mil povos*: história indígena brasileira contada por um índio. São Paulo: Peirópolis, 1998.

KNIVET, Anthony. *As incríveis aventuras e estranhos infortúnios de Anthony Knivet*. Rio de Janeiro: Jorge Zahar, 2007.

LIMA, Mônica. A África na sala de aula. *Revista Nossa História*, Rio de Janeiro, Fundação Biblioteca Nacional, fev. 2004.

LISSOVSKY, Maurício. A fotografia como documento histórico. In: *Fotografia*: ciclo de palestras sobre fotografias. Rio de Janeiro: Funarte, 1983.

MELLO E SOUZA, Marina de. *África e Brasil africano*. São Paulo: Ática, 2012.

MONTEIRO, John Manuel. *Negros da Terra*: índios e bandeirantes nas origens de São Paulo. São Paulo: Companhia das Letras, 1994.

NEVES, Eduardo Góes. Os índios antes de Cabral: arqueologia e história indígena no Brasil. In: SILVA, Aracy Lopes; GRUPIONI, Luis Benzi (Org.). *A temática indígena na escola*: novos subsídios para professores de 1º e 2º graus. Brasília: MEC/Mari/Unesco, 1995.

REIS, João José; GOMES, Flávio dos Santos. *Liberdade por um fio*: uma história dos quilombos no Brasil. São Paulo: Companhia das Letras, 2008.

ROMANO, Ruggiero. *Os mecanismos da conquista colonial*. 3. ed. São Paulo: Perspectiva, 1995.

SANTA ROSA, Nereide Schilaro. *Cidades e florestas*: os artistas viajantes entre os séculos XVII e XIX. Rio de Janeiro: Pinakotheke, 2002.

SANTOS, Maria Manuela; VARANDA, Maria de Lourdes. *Poetas portugueses de hoje e de ontem*. São Paulo: Martins Fontes, 2011.

SARAIVA, José Hermano. *História concisa de Portugal*. 18. ed. Lisboa: Publicações Europa-América, 1996.

SCHWARCZ, Lilia M. *A longa viagem da biblioteca dos reis*: do terremoto de Lisboa à Independência do Brasil. São Paulo: Companhia das Letras, 2002.

SEVCENKO, Nicolau (Org.). *História da vida privada no Brasil*. São Paulo: Companhia das Letras, 1998. v. 3.

STADEN, Hans. *A verdadeira história dos selvagens, nus e ferozes devoradores de homens*. Rio de Janeiro: Dantes, 1998.

TOLEDO, Roberto Pompeu de. *A capital da solidão*: uma história de São Paulo das origens a 1900. Rio de Janeiro: Objetiva, 2003.

VELHO, Álvaro. *O descobrimento das Índias*: o diário de Vasco da Gama. Rio de Janeiro: Objetiva, 1998.

ZABALA, Antoni; ARNAU, Laia. *Como aprender e ensinar competências*. Porto Alegre: Artmed, 2009.

Sites

Akatu – Consumo consciente para um futuro sustentável. Disponível em: <www.akatu.org.br/>. Acesso em: janeiro de 2018.

Ciência Hoje das Crianças. Disponível em: <http://chc.cienciahoje.uol.com.br/>. Acesso em: janeiro de 2018.

IBGE. Instituto Brasileiro de Geografia e Estatística. Disponível em: <www.ibge.gov.br/>. Acesso em: janeiro de 2018.

INSTITUTO SOCIOAMBIENTAL. *Povos indígenas no Brasil Mirim*. Disponível em: <http://mirim.org/pt-br>. Acesso em: janeiro de 2018.

Nova Escola. Disponível em: <https://novaescola.org.br/>. Acesso em: janeiro de 2018.

Planeta Sustentável. Disponível em: <https://super.abril.com.br/blog/planeta/>. Acesso em: janeiro de 2018.

Plenarinho. Disponível em: <https://plenarinho.leg.br/>. Acesso em: janeiro de 2018.

LIGAMUNDO

HISTÓRIA

ALEXANDRE ALVES
LETÍCIA FAGUNDES DE OLIVEIRA

CADERNO DE ATIVIDADES

NOME: ______________________________ TURMA: ________

ESCOLA: ______________________________

4º ano
Ensino Fundamental • Anos Iniciais

Editora Saraiva
São Paulo – 1ª edição – 2018

Editora Saraiva

Direção geral: Guilherme Luz
Direção editorial: Luiz Tonolli e Renata Mascarenhas
Gestão de projeto editorial: Tatiany Renó
Gestão e coordenação de área: Wagner Nicaretta (ger.) e Brunna Paulussi (coord.)
Edição: Érica Lamas e Leandro dos Reis Silva
Gerência de produção editorial: Ricardo de Gan Braga
Planejamento e controle de produção: Paula Godo, Roseli Said e Marcos Toledo
Revisão: Hélia de Jesus Gonsaga (ger.), Kátia Scaff Marques (coord.), Rosângela Muricy (coord.), Célia Carvalho, Luiz Gustavo Bazana e Patrícia Travanca
Arte: Daniela Amaral (ger.), Claudio Faustino (coord.), Meyre Diniz e Simone Aparecida Zupardo Dias (edição de arte)
Diagramação: MRS Editorial
Iconografia: Sílvio Kligin (ger.), Denise Durand Kremer (coord.), e Thaisi Lima (pesquisa iconográfica)
Licenciamento de conteúdos de terceiros: Thiago Fontana (coord.), Luciana Sposito (licenciamento de textos), Erika Ramires, Luciana Pedrosa Bierbauer, Luciana Cardoso e Claudia Rodrigues (analistas adm.)
Tratamento de imagem: Cesar Wolf e Fernanda Crevin
Ilustrações: Biry Sarkis, Kau Bispo e Milton Rodrigues Alves
Design: Gláucia Correa Koller (ger.), Flavia Dutra (proj. gráfico), Talita Guedes da Silva (capa) e Gustavo Natalino Vanini (assist. arte)

Avenida das Nações Unidas, 7221, 1º andar, Setor A – Espaço 2 – Pinheiros – SP – CEP 05425-902
SAC 0800 011 7875
www.editorasaraiva.com.br

2023
Código da obra CL 800665
CAE 628126 (AL) / 628127 (PR)
1ª edição
9ª impressão

Impressão e acabamento: Gráfica Eskenazi

Uma publicação SOMOS EDUCAÇÃO

Apresentação

Este é o seu Caderno de Atividades.

Nele, você vai encontrar mais desafios para ajudar a ampliar seus conhecimentos e os conteúdos tratados no livro.

Bom trabalho e vamos lá!

Biry Sarkis/Arquivo da editora

Editora Saraiva

Sumário

tunart/Getty Images

Axel Schmidt/Reuters/Latinstock

Europa, África e América: conquistas e descobertas

Do outro lado do mar

1 Observe os ingredientes utilizados para fazer um bolo e responda às perguntas.

Sergio Dotta Jr./Arquivo da editora

a) Cite duas especiarias utilizadas nessa receita de bolo.

b) No passado, além de dar sabor aos pratos, com que finalidade as especiarias eram utilizadas?

c) Qual é a relação entre as especiarias e as viagens feitas pelos portugueses há quase 600 anos?

2 Observe a imagem abaixo, leia a legenda e responda às perguntas.

Detalhe de mapa publicado no atlas **Theatrum Orbis Terrarum**, produzido por Abraham Ortelius em 1570.

a) Em qual século a obra **Theatrum Orbis Terrarum** foi produzida?

....

b) O mapa retrata um medo dos navegantes europeus da época. Que medo era esse?

....

....

c) Com que objetivos os europeus enfrentavam seus medos e faziam essas viagens marítimas?

....

....

3 Numere as frases na ordem correta dos acontecimentos.

☐ Por volta de 1400, os portugueses deram início a longas viagens marítimas em busca de novas rotas comerciais.

☐ Portugueses e espanhóis desejavam encontrar rotas marítimas para as Índias, pois as viagens terrestres eram longas e caras.

☐ Os europeus chegaram ao continente americano, antes desconhecido por eles.

4 Complete as frases a seguir utilizando as palavras do quadro.

mineração	tecidos	urbanos	europeus
ouro	africano	aldeias	agricultura
agricultores	mercadores	portugueses	

a) Na época das grandes viagens marítimas, os portugueses ampliaram seus contatos com diferentes povos que habitavam o continente ________. Os povos africanos tinham modos de vida, línguas, costumes e crenças diferentes dos ________.

b) Assim como na Europa, na África havia grandes centros ________ e também pequenas ________. As rotas de longa distância eram percorridas por grupos nômades de ________ e caravanas de ________.

c) O comércio entre ________ e africanos era baseado na troca de produtos como sal, trigo e ________ por marfim e metais preciosos, como o ________.

d) Os povos africanos exploravam os recursos naturais de seu território e dominavam técnicas de ________, ________ e metalurgia.

Heini Schneebeli/Bridgeman Images/Easypix Brasil/Coleção particular

Os conhecimentos metalúrgicos dos povos africanos eram utilizados para confeccionar placas decorativas ou fazer bustos, como o da imagem ao lado. Busto jebu-iorubá de bronze, 25 cm.

Dividindo a América

5 Relacione cada pergunta à resposta correspondente.

a) Como os habitantes nativos da América eram chamados pelos navegantes europeus?

b) Quem foi o navegador genovês que liderou a expedição que chegou a terras americanas em 1492?

c) Qual é o nome do continente que passou a ser conhecido pelos europeus na época das grandes viagens marítimas?

d) Qual foi o acordo firmado em 1494 entre portugueses e espanhóis para dividir e tomar posse das terras que poderiam ser encontradas?

e) Qual é o nome do navegador que chegou em 22 de abril de 1500 ao território onde hoje é o Brasil?

f) Qual é o nome dado pelos indígenas às terras em que viviam na época da chegada dos portugueses?

☐ Tratado de Tordesilhas.

☐ Cristóvão Colombo.

☐ Pedro Álvares Cabral.

☐ Índios.

☐ Pindorama.

☐ América.

O início da colonização

A árvore que virou riqueza

1 **Relacione as palavras abaixo com as frases a seguir.**

a) pau-brasil

b) escambo

c) ibirapitanga

d) Mata Atlântica

☐ Troca de trabalho por produtos.

☐ Vegetação predominante no litoral na época da chegada dos portugueses.

☐ Madeira usada para a produção de corante vermelho.

☐ Nome usado pelos indígenas para se referir ao pau-brasil.

2 **Leia as frases e identifique a quem elas se referem. Pinte os quadrinhos de acordo com as legendas.**

Indígenas — Portugueses — Indígenas e portugueses

☐ Realizavam a maior parte do trabalho de extração do pau-brasil.

☐ Usavam o pau-brasil para tingir tecidos.

☐ Pagavam pela extração do pau-brasil com objetos de metal.

☐ Usavam o pau-brasil para fazer arcos.

☐ Disputavam o comércio do pau-brasil com outros europeus.

☐ Praticavam o escambo.

3 As árvores de pau-brasil ocupavam grandes áreas do litoral na época da chegada dos portugueses à América, mas em pouco tempo elas não podiam mais ser encontradas no litoral. Por que isso aconteceu?

Edson Grandisoli/Pulsar Imagens

Árvore de pau-brasil em praça na cidade de São Paulo. Foto de 2017.

4 Elabore frases utilizando as palavras dos quadros.

a) portugueses conhecimento indígenas Mata Atlântica pau-brasil

b) indígenas trabalho exploração madeira pau-brasil

c) comércio pau-brasil Europa riqueza portugueses

A administração portuguesa no Brasil

5 Leia o texto e observe a fotografia.

O centro histórico da cidade de Salvador possui muitos edifícios antigos. Alguns foram construídos no século XVI, no início da colonização portuguesa no Brasil.

Como reconhecimento da importância histórica e arquitetônica da cidade, em 1984 o Iphan (Instituto do Patrimônio Histórico e Artístico Nacional) reconheceu Salvador como Patrimônio Histórico do Brasil. No ano seguinte, a cidade foi considerada Patrimônio Mundial da Humanidade pela Organização das Nações Unidas para a Educação, a Ciência e a Cultura (Unesco).

Salvador recebe turistas de todo o mundo interessados em conhecer a cultura e arquitetura colonial da cidade.

Paulo Vilela/Shutterstock

Construções coloniais no Pelourinho, centro histórico da cidade de Salvador, Bahia, em 2017.

Texto elaborado pelos autores especialmente para esta obra.

Agora, assinale **V** para indicar as frases verdadeiras e **F** para as falsas.

- [ ] A fundação de vilas e cidades ocorreu assim que os portugueses chegaram à América.
- [ ] O objetivo dos portugueses com a fundação de vilas e cidades era garantir a ocupação das terras por eles encontradas.
- [ ] Os primeiros portugueses que viveram na América eram chamados de colonos.
- [ ] A cidade de Salvador foi projetada para ser a capital da colônia portuguesa na América.

6 De que modo os indígenas ajudaram os portugueses nos primeiros encontros? Essa colaboração foi importante para a permanência dos portugueses no território? Por quê?

7 Observe a imagem ao lado e leia a legenda.

Gravura representando a chegada de Tomé de Sousa à Bahia, em 1815, de Alphonse de Beauchamp, sem data.

a) Que título foi concedido pelo governo português a Tomé de Sousa?

b) Quais eram as funções de Tomé de Sousa na América?

8 Observe a imagem, leia a legenda e responda às perguntas.

Fundação da cidade de São Paulo, de Oscar Pereira da Silva, 1909 (óleo sobre tela, de 185 cm × 340 cm). Essa obra retrata um evento ocorrido em 1554.

a) O que a imagem mostra?

....

....

b) Qual é o evento retratado na pintura?

....

c) O que os europeus parecem estar fazendo na cena? E os indígenas?

....

....

d) É possível que os europeus retratados na obra sejam jesuítas? Por quê?

....

....

....

O trabalho no campo

O surgimento da agricultura e da criação de animais

1 Classifique as frases a seguir conforme a legenda.

NO – Características dos seres humanos nômades.

SE – Características dos seres humanos sedentários.

- [ ] Cultivavam plantas a partir dos grãos que coletavam na natureza.
- [ ] Viviam em pequenos grupos que caçavam e coletavam frutos.
- [ ] Deslocavam-se constantemente em busca de comida; não tinham um lugar fixo para morar.
- [ ] Domesticavam alguns animais, como bois, ovelhas e cabras.
- [ ] Fixavam-se em algumas regiões, onde plantavam vegetais que serviam de alimento.

2 Complete o texto com as palavras do quadro.

deslocar	sedentários	alimentos	agricultura
nômades	fixar	animais	

Os seres humanos .... tinham necessidade de se .... constantemente em busca de ...., por isso não tinham um lugar fixo para morar. Com o desenvolvimento da ...., as pessoas passaram a se .... em algumas regiões, onde também passaram a domesticar alguns .... Os seres humanos que passaram a viver em lugares fixos foram chamados de ....

3 Observe a imagem, leia a legenda e responda às perguntas.

Cesar Diniz/Pulsar Imagens

Lançamento de pesticida em plantação de cebola, em Juazeiro, estado da Bahia, em 2016.

a) Qual é o objetivo desse cultivo?

b) Essa é uma plantação orgânica? Explique.

4 Escreva o nome de três produtos derivados da atividade agropecuária.

O engenho de cana-de-açúcar

5 Leia o texto e responda às questões.

Um lugar que lembra os inícios da produção da cana

O Monumento Nacional Ruínas Engenho São Jorge dos Erasmos, localizado em Santos, no litoral paulista, é a mais antiga evidência física da colonização portuguesa no Brasil. Erguido em 1534 a mando do navegador português Martim Afonso de Souza, ele representa um testemunho da primeira época de produção de cana-de-açúcar no País [...].

Marcos Santos/USP Imagens

Monumento Nacional Ruínas Engenho São Jorge dos Erasmos. Considerado um dos sítios arqueológicos mais importantes do país, foi o primeiro engenho de cana-de-açúcar do Brasil. Localizado na atual divisa das cidades de Santos e São Vicente, o engenho, movido a água, tinha construção típica da época: pedra, óleo de baleia e cal, com várias edificações aglomeradas em um único sentido.

CASTRO, Roberto C. G. Um lugar que lembra os inícios da produção da cana. **Jornal da USP**. Disponível em: <http://jornal.usp.br/tv-usp/oficina-traz-a-historia-da-cana-de-acucar/>. Acesso em: abr. 2018.

a) Em qual século o Engenho dos Erasmos foi construído?

....

b) O que era produzido nesses engenhos? Para que esse produto é usado?

....

....

c) Para onde era enviado e vendido o material produzido nos engenhos?

....

....

6 **Numere as etapas de como era a produção açucareira e a sua venda há mais de 300 anos.**

[ ] O açúcar era transportado para a Europa.

[ ] O açúcar era encaixotado.

[ ] O açúcar era enviado a navios na colônia.

[ ] Na Europa, o açúcar era vendido a altos preços.

[ ] Nos engenhos, trabalhadores escravizados cultivavam a cana e produziam o açúcar.

7 **Observe as imagens, leia as legendas e faça o que se pede.**

A

Paulo Fridman/Pulsar Imagens

Usina de processamento da cana-de-açúcar no município de Cerqueira César, estado de São Paulo, em 2014.

B

Thomaz Vita Neto/Pulsar Imagens

Colheita mecânica de cana-de-açúcar no município de Planalto, estado de São Paulo, em 2016.

a) As imagens mostram duas etapas da produção de açúcar. Qual imagem mostra a primeira etapa?

....

b) Com base nas imagens e em seus conhecimentos, cite uma diferença entre a produção de açúcar no passado e no presente.

....

....

....

8 **A produção de cacau no Brasil teve início no período colonial e se mantém até os dias atuais. Leia as frases abaixo e assinale as corretas.**

- [ ] O plantio de cacau ganhou destaque no Brasil a partir do século XVIII.
- [ ] O cacau é utilizado principalmente como matéria-prima na produção de chocolate.
- [ ] Atualmente o Brasil produz cacau e chocolate em pequenas quantidades.
- [ ] A Amazônia e o sul da Bahia estão entre as áreas que mais produzem cacau no Brasil.

9 **Sobre a produção recente de cacau no Brasil, observe o gráfico e responda às perguntas.**

Produtores de cacau no Brasil (2016)

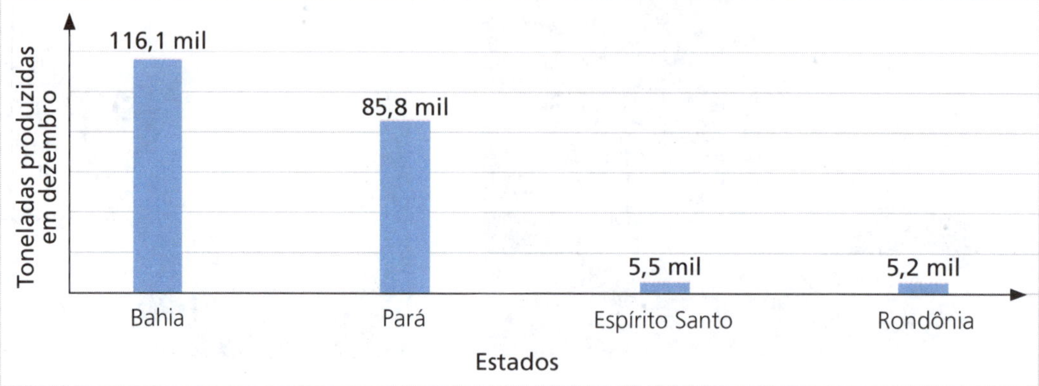

Fonte: LEVANTAMENTO sistemático da produção agrícola (dezembro 2016), p. 27. **Fundação Instituto Brasileiro de Geografia e Estatística**. Disponível em: <ftp://ftp.ibge.gov.br/Producao_Agricola/Levantamento_Sistematico_da_Producao_Agricola_[mensal]/Fasciculo/2016/lspa_201612_20170222_133000.pdf>. Acesso em: abr. 2018.

a) Qual é o título do gráfico?

....

b) Em qual estado é produzido menos cacau?

....

c) Em qual estado é produzido mais cacau?

....

Da África para o Brasil

Do lado de lá do Atlântico

1 Entre os séculos XVI e XIX, o número de africanos trazidos à força para o Brasil chegou a quatro milhões de pessoas. Eles vinham de diferentes lugares e culturas. Leia mais sobre esse assunto no texto abaixo.

> [...] Por toda parte, porém, encontrava gente estranha, de outras Áfricas que não a sua, com tradições, crenças, valores, costumes, saberes e técnicas diferentes. Este, em sua terra, andava de camisolão até os pés e gorro na cabeça, aquele não tinha mais do que um pano entre as pernas, amarrado na cintura. Aqui, as mulheres entrançavam os cabelos com contas e conchas; ali, cobriam a cabeça com véu ou turbante; acolá, raspavam o crânio. Umas vestiam-se apenas com miçangas, outras com **bubus**, ou envolviam o corpo com panos coloridos, e todas exibiam muitos colares e argolas nos braços e nos tornozelos. [...]
>
> SILVA, Alberto da Costa e. Um Brasil, muitas Áfricas. *Revista de História da Biblioteca Nacional*. Rio de Janeiro, ano 7, n. 78, p. 17-21, mar. 2012.

bubus: túnica longa e larga usada na África negra.

Ao falar dos sentimentos do africano trazido ao Brasil, o autor comenta: **"Por toda parte, porém, encontrava gente estranha, de outras Áfricas que não a sua, com tradições, crenças, valores, costumes, saberes e técnicas diferentes"**.

a) Como você entende essa frase?

....

....

b) Como você imagina que seja a experiência de estar entre gente estranha, com costumes, crenças, valores e saberes diferentes dos seus? Você já teve essa experiência? Escreva no caderno como foi.

2 **Complete o diagrama de acordo com as informações de cada item.**

a) Tipo de embarcação que transportava os africanos de seu continente até a América.

b) Alojamento que abrigava escravizados.

c) Arte marcial desenvolvida no Brasil pelos africanos.

d) Situação dos africanos trazidos à força para trabalhar no Brasil.

e) Nome do oceano localizado entre a África e a América.

f) Escravizados que vendiam produtos e prestavam serviços nas cidades.

						a)										
			b)			N										
				c)		A										
d)						V										
e)						I										
f)						O										

Kau Bispo/Arquivo da editora

3 **No século XIX, no Rio de Janeiro, como se chamava o local onde os africanos escravizados aguardavam para serem vendidos?**

4 **Que nome era dado aos navios que transportavam escravizados da África até o Brasil?**

A riqueza do açúcar no Brasil

5 Marque com um **X** as frases verdadeiras.

- [ ] No século XV os portugueses já possuíam feitorias na África e de lá trouxeram para o Brasil a experiência com os engenhos de açúcar.
- [ ] Os primeiros engenhos de açúcar surgiram no Brasil a partir do século XIX, quando os portugueses deram início oficialmente à colonização e à ocupação das terras que hoje são o Brasil.
- [ ] Em 1532, foi fundada a vila de São Vicente, onde foram implantados seis engenhos até 1548.

6 Observe a imagem e leia a legenda.

Engenho manual que faz caldo de cana, de Jean-Baptiste Debret, 1822 (aquarela sobre papel, 17,60 cm × 24,50 cm).

a) Que cena foi representada pelo artista na aquarela?

....

b) Quem são as pessoas representadas nessa cena?

....

7 Atualmente, em algumas regiões do Brasil, a produção de cana-de-açúcar ainda é feita por trabalhadores livres. O que significa deixar de ser escravo e se tornar um trabalhador livre?

....

....

....

8 Leia o texto e faça o que se pede.

O Brasil tem a maior população de origem africana fora da África e, por isso, a cultura desse continente exerce grande influência [...].

A principal influência da música africana no Brasil é, sem dúvidas, o samba. O estilo hoje é o cartão-postal musical do País e está envolvido na maioria das ações culturais da atualidade. [...]

Na época da escravidão, os negros trazidos da África eram batizados e obrigados a seguir o Catolicismo. Porém, a conversão não tinha efeito prático e as religiões de origem africana continuaram a ser praticadas secretamente em espaços afastados nas florestas e quilombos. [...]

Outra grande contribuição da cultura africana se mostra à mesa. Pratos como o vatapá, acarajé, caruru, mungunzá, sarapatel, baba de moça, cocada, bala de coco e muitos outros exemplos são iguarias da cozinha brasileira e admirados em todo o mundo. [...]

Cultura afro-brasileira se manifesta na música, religião e culinária. **Governo do Brasil**. Disponível em: <www.brasil.gov.br/editoria/cultura/2009/10/cultura-afro-brasileira-se-manifesta-na-musica-religiao-e-culinaria>. Acesso em: jun. 2018.

Milton Rodrigues Alves/Arquivo da editora

a) Sublinhe no texto exemplos da influência africana na música e na alimentação.

b) O Brasil é considerado o país que tem a maior população negra fora da África. Que acontecimentos da história do Brasil justificam essa afirmação?

....

....

....

....

Ocupando o sertão

Entradas e bandeiras

1 Observe a imagem abaixo, leia a legenda e responda às questões.

cifotart/Shutterstock

Monumento às Bandeiras, de Victor Brecheret, localizado na cidade de São Paulo. Foto de 2013. O monumento representa uma expedição bandeirante. Montados nos cavalos, estão o chefe português e o guia indígena. Atrás deles, há um grupo formado por indígenas, negros, portugueses e mamelucos puxando uma canoa, com a qual eles adentravam pelo território seguindo o curso dos rios. Os portugueses são representados com barba e os indígenas catequizados estão nus e com uma cruz no pescoço.

a) Observando a imagem, podemos dizer que as bandeiras eram formadas apenas por homens brancos?

b) Qual era o papel dos indígenas nessas expedições?

2 Por que as expedições bandeirantes eram arriscadas? Cite um motivo.

...

3 Os indígenas também participavam das bandeiras. No caso das mulheres, quais atividades elas realizavam?

...

4 Sobre as entradas e as bandeiras, assinale **V** para indicar as frases verdadeiras e **F** para as falsas.

- [ ] A maioria das expedições partia do litoral em direção ao interior.
- [ ] Participavam das expedições brancos, indígenas e mamelucos.
- [ ] Eram seguras, pois os bandeirantes conheciam bem os caminhos a serem percorridos.
- [ ] Tinham diferentes objetivos, como aprisionar indígenas, encontrar metais preciosos e capturar escravizados fugitivos.
- [ ] Contribuíram para expandir os limites da colônia portuguesa, com a fundação de vilas e povoados em diferentes lugares.
- [ ] Do povoado de São Paulo de Piratininga partiram muitas expedições para explorar o sertão, procurar metais preciosos e escravizar indígenas, causando a morte de milhares deles.
- [ ] As bandeiras foram realizadas durante o século XIX e continuam sendo feitas no presente.

5 Leia o texto abaixo e responda às questões.

Os tropeiros [...] foram responsáveis pelo desenvolvimento de estradas e cidades, nos séculos XVII e XVIII [...].

João Prudente/Pulsar Imagens

O feijão-tropeiro é um prato típico dos estados de Minas Gerais, São Paulo e Goiás. O prato recebeu esse nome porque era consumido pelos tropeiros que atravessavam esses estados.

A dieta dos tropeiros marcou a culinária do brasileiro nas várias regiões por eles percorridas, visto que os alimentos empregados no preparo de suas comidas tinham de ser duráveis, secos e fáceis de carregar, além de proporcionar energia suficiente para o trabalho. [...]

Sua dieta baseava-se, em geral, em alimentos não sujeitos à ação do tempo, como feijão, toucinho, fubá, farinha, café e carne salgada. [...]

A alimentação tropeira, portanto, está relacionada ao cotidiano de uma viagem. Na época do Tropeirismo, a comida deveria ser fácil de ser carregada e preparada e os produtos utilizados por eles, durante a viagem, iam se modificando conforme o decorrer do percurso, pois os produtos locais iam sendo acrescentados ao preparo das refeições.

MATIAS, Lindon Fonseca; MASCARENHAS, Rúbia Gisele Tramontin. Culinária tropeira e suas potencialidades no turismo dos Campos Gerais do Paraná: uma análise nos municípios de Castro, Lapa e Tibagi. **Cultur: Revista de Cultura e Turismo**, ano 2, n. 2, p. 7, jul. 2008.

a) Qual foi a consequência da ação dos tropeiros nos séculos XVII e XVIII?

....

....

b) Os alimentos consumidos pelos tropeiros eram sempre os mesmos? Por quê?

....

....

....

Vida sertaneja

6 **Relacione cada pergunta à resposta correta.**

a) Qual era a definição de sertão no século XVIII?

b) Quem trabalhava na pecuária nordestina e no comércio de gado?

c) Quais eram as dificuldades da vida no sertão?

d) Onde vivia a maioria dos vaqueiros?

[ ] O tempo era quente e seco, e a comida era pouco variada. Também era comum o conflito entre indígenas e vaqueiros em virtude da disputa pela posse da terra.

[ ] No sertão nordestino, onde criavam gado.

[ ] Homens livres, escravizados libertos (forros) e agregados.

[ ] Todos os locais distantes do litoral do Brasil.

7 **Cite dois exemplos do uso do gado no século XVIII.**

....

....

8 **De que material eram feitas as vestimentas dos vaqueiros? Qual era o objetivo do uso desse material?**

....

....

....

....

....

Lamberto Scipioni/AGB Photo Library

Vaqueiro nordestino em Boa Vista, na Paraíba. Foto de 2015.

O trabalho na indústria

A origem da indústria

1 Observe as imagens e responda às questões a seguir.

1

Album/FotoArena/Museu Frans Hals, Harlemo, Holanda.

A oficina de um tecelão, de Frans Hals, 1656 (pintura a óleo).

2

Lucas Lacaz Ruiz/Fotoarena

Tecelagem Santa Constância na cidade de São Paulo, em 2014.

a) Que atividade é retratada na imagem 1? E na imagem 2?

....

....

b) A imagem 1 mostra uma produção artesanal ou industrial? Por quê?

....

....

....

c) E a imagem 2, mostra uma produção artesanal ou industrial? Por quê?

....

....

....

2 Classifique as frases conforme a legenda.

AR – Produção artesanal. **IN** – Produção industrial.

☐ Trabalho realizado com a utilização de ferramentas e máquinas.

☐ Produtos feitos à mão por artesãos em pequenas oficinas.

☐ Processo de produção lento, em que todas as etapas são realizadas com o uso de ferramentas simples.

☐ Grande quantidade e variedade de produtos, como medicamentos, brinquedos e computadores.

3 Leia o texto abaixo e responda às questões.

> Desde o século XVII, diversas pessoas vinham estudando de que maneira se poderia utilizar a energia do vapor para a fabricação de máquinas capazes de substituir o trabalho humano em uma série de atividades. [...]
>
> No século seguinte, a Inglaterra já havia se tornado a "fábrica do mundo" e a maior parte de sua produção industrial era exportada. De tecidos e chapéus a trilhos e locomotivas, os ingleses vendiam tudo para todos.
>
> TEIXEIRA, Francisco. **Revolução Industrial**. São Paulo: Ática, 2012. p. 2.

a) A que processo histórico o texto se refere? Onde e quando ele ocorreu?

....

....

....

....

b) Por que o autor afirma que a Inglaterra havia se tornado a **"fábrica do mundo"**?

....

....

....

Fábricas do presente e do passado

4 Observe a imagem, leia a legenda e responda às perguntas.

Universal History Archive/UIG/Getty Images

Fábrica de meias nos Estados Unidos, por volta de 1910.

a) Onde e quando a fotografia foi feita?

....

....

b) Que lugar foi fotografado?

....

c) Quem são as pessoas retratadas na imagem?

....

d) É possível afirmar que na época em que essa fotografia foi tirada somente homens adultos trabalhavam nas fábricas? Por quê?

....

....

....

....

Trabalho e indústria: o custo para a natureza

5 Observe as imagens e classifique-as de acordo com o tipo de poluição.

Thomaz Vita Neto/Pulsar Imagens

Usina de cana-de-açúcar em Vista Alegre, estado de São Paulo, em 2016.

Renato César Pereira/Futura Press

Rio Tietê em Pirapora do Bom Jesus, no estado de São Paulo, em 2016.

Rubens Chaves/Pulsar Imagens

Lixo acumulado em local proibido em Ibiúna, no estado de São Paulo, em 2017.

6 Leia o texto e responda às questões.

Uso industrial

[...] O uso nos processos industriais vai desde a incorporação da água nos produtos até a lavagem de materiais, equipamentos e instalações, a utilização em sistemas de refrigeração e geração de vapor.

Dependendo do ramo industrial e da tecnologia adotada, a água resultante dos processos industriais [...] pode carregar resíduos tóxicos, como metais pesados e restos de materiais em decomposição. [...]

Quando a água contaminada é lançada nos rios e no mar pode provocar a morte dos peixes. Mesmo quando sobrevivem, podem acumular em seu organismo substâncias tóxicas que causam doenças, se forem ingeridos pelos seres humanos.

BRASIL. Ministério do Meio Ambiente. **Água**, p. 32. Disponível em: <www.mma.gov.br/estruturas/sedr_proecotur/_publicacao/140_publicacao09062009025910.pdf>. Acesso em: jun. 2018.

a) Que tipo de poluição é abordado no texto?

....

....

b) Sublinhe no texto de que forma as indústrias utilizam a água.

c) Complete o esquema abaixo com as informações do texto.

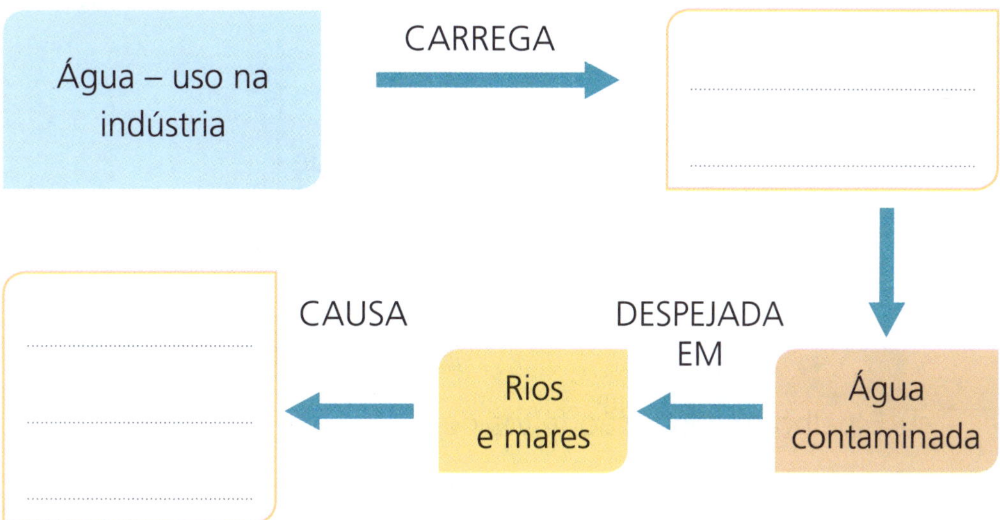

7 Observe a tirinha com o personagem Armandinho.

Alexandre Beck/Acervo do cartunista

a) A que lixo para reciclagem o pai de Armandinho se refere?

....

....

....

b) Por que o menino não entende a pergunta do pai?

....

....

....

8 **Complete as frases abaixo com o nome de materiais recicláveis.**

a) Latas de refrigerante são feitas de alumínio, um tipo de ....

b) Cadernos, jornais e revistas são feitos de ....

c) Escova de dentes e embalagem de xampu são feitas de ....

d) Espelhos e copos são feitos de ....

e) Embalagens de balas são feitas de ....

O universo da comunicação

A comunicação é universal

1 Utilize as palavras do quadro para indicar as formas de comunicação retratadas nas imagens.

escrita	fala	leitura pelo tato	sinais

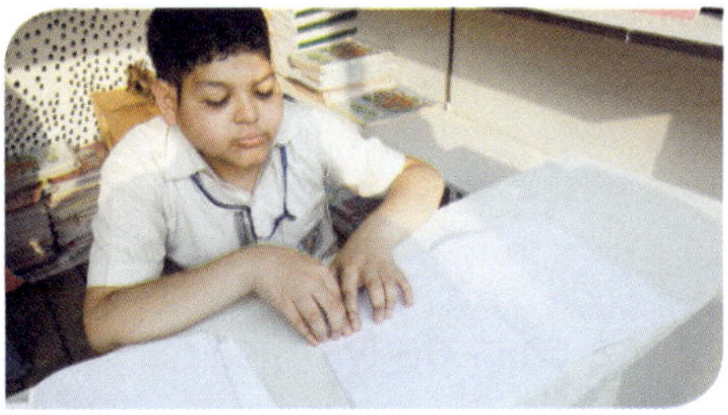

Mehedi Hasan/NurPhoto/Getty Images

....

Monkey Business Images/Shutterstock

....

Ed Viggiani/Pulsar Imagens

....

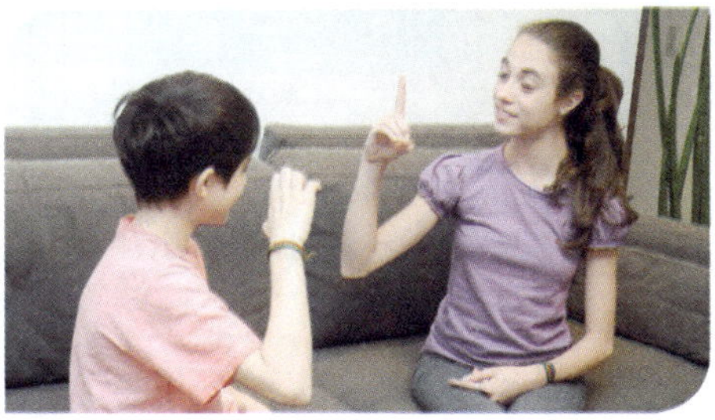

Fernando Favoretto/Criar Imagem

....

2 Assinale as frases corretas sobre comunicação.

- [ ] As pessoas se comunicam em diversos locais e de diferentes formas.
- [ ] A comunicação por meio de imagens não é mais praticada, já que no presente as pessoas preferem se comunicar por meio de textos.
- [ ] Podemos usar diferentes sentidos (visão, audição, tato) para nos comunicarmos com outras pessoas.
- [ ] A comunicação só é possível entre pessoas que falam o mesmo idioma.

3 Leia a tirinha.

SOUSA, Mauricio de. **Turma da Mônica**. Disponível em: <http://turmadamonica.uol.com.br/tirinhas/index.php?a=31>. Acesso em: abr. 2018.

a) Que meio de comunicação Cebolinha utilizou para tentar falar com Mônica?

....

b) Por que o personagem Cebolinha foi à casa de Mônica?

....

....

....

c) Cebolinha conseguiu atingir seu objetivo? Por quê?

....

....

....

....

4 **As histórias em quadrinhos também são uma forma de comunicação. Que formas de comunicação foram utilizadas na tirinha?**

- [ ] Fala
- [ ] Imagens
- [ ] Texto
- [ ] Sinais

Os meios de comunicação

5 **Relacione cada informação sobre os meios de comunicação à época adequada.**

Comunicação por meio do telégrafo e início do uso do telefone.
Envio de mensagens de voz e de texto para facilitar a comunicação.
Envio de cartas e de recados transmitidos oralmente por mensageiros.
Uso de meios eletrônicos, como celular, *tablet* e computador, para se comunicar e buscar informação.

Passado

Presente

6 **Classifique as afirmações abaixo em V (verdadeiras) ou F (falsas).**

- [ ] Os meios de comunicação do passado não são utilizados pelas pessoas no presente.
- [ ] Alguns meios de comunicação comuns no passado, como os jornais, continuam sendo utilizados pelas pessoas no presente.
- [ ] A invenção da escrita fez com que as pessoas deixassem de se comunicar por gestos e começassem a mandar mensagens de texto.
- [ ] Durante muito tempo a escrita foi uma técnica conhecida e usada por poucas pessoas.

7 Leia o texto e responda às perguntas.

[...] No Brasil, o rádio começou a operar em 7 de setembro de 1922 [...]. Mas foi a partir da década de 1930 que o rádio teve sua maior expansão e profissionalização [...].

A música, o teatro, as revistas, toda a produção cultural dos anos 40 e 50 orbitaram em torno desse meio de comunicação, iniciando a era de ouro do rádio brasileiro. [...]

Em 1941, começa a transmissão da primeira radionovela do País, que foi apresentada durante cerca de três anos [...] Naquele período, era comum que as cidades ficassem com as ruas desertas e pelas janelas se pudesse observar famílias inteiras e seus vizinhos em torno do rádio, escutando a novela. [...]

Durante os anos dourados, o rádio desenvolveu uma série de gêneros de programas como os de auditório, os humorísticos, narrações esportivas e concursos de calouros.

KASEKER, Mônica Panis. O radiojornalismo e a construção dos imaginários. **II Encontro Internacional sobre Imaginários Sonoros**, Curitiba, p. 3-4, nov. 2013. Disponível em: <www.humanas.ufpr.br/portal/imaginariossonoros/files/2014/02/Kaseker-Imaginários-2013.pdf>. Acesso em: abr. 2018.

Milton Rodrigues Alves/Arquivo da editora

a) Qual é o assunto principal do texto?

....

....

b) Que tipos de programas os brasileiros tinham o hábito de ouvir no passado?

....

....

c) Que tipo de programa era frequentemente ouvido por famílias inteiras reunidas?

....

8 Observe a fotografia e leia a legenda.

Davi Magalhães/Futura Press

No dia 8 de março de 2018, mulheres do mundo todo foram às ruas para protestar contra a violência e a favor da igualdade de direitos entre homens e mulheres. O movimento foi organizado por meio das redes sociais. Na foto, manifestantes em Porto Alegre.

- No Brasil, muitas pessoas não têm acesso à internet. Numa situação como essa, elas puderam participar desse movimento?

....

....

9 Embora o acesso às redes sociais e à internet possibilite às pessoas compartilhar suas ideias e opiniões, todos podem dizer o que quiserem na internet? Justifique sua resposta.

....

....

10 Classifique as frases em **V** (verdadeiras) ou **F** (falsas).

- [ ] Todas as pessoas têm acesso à internet no Brasil.
- [ ] Para muitos dos que nasceram no século XIX, acessar a rede mundial de computadores já faz parte da rotina.
- [ ] A chamada exclusão digital acontece no Brasil.
- [ ] O acesso às tecnologias pode ser considerado uma questão de cidadania, assim como saúde e educação.

Imigrantes chegam ao Brasil

Quem eram os imigrantes?

1 Observe a imagem, leia a legenda e responda às perguntas.

Capa da revista **O Immigrante**, de 1908.

a) Que estado brasileiro aparece em destaque na imagem?

....

b) Para quem essa revista aparentemente era destinada?

....

c) De acordo com seus conhecimentos, o que você imagina que podem representar os traçados que se conectam aos dois continentes?

....

....

....

2 No Brasil, que problema levou o governo a incentivar a vinda de trabalhadores livres de outros países?

....

....

3 Leia o texto e responda às questões.

> [...] O imigrante alemão difundiu no Brasil a religião protestante e a arquitetura germânica; contribuiu para o desenvolvimento urbano e da agricultura familiar; introduziu no país o cultivo do trigo e a criação de suínos. [...]
>
> A vida cultural dos imigrantes também teve um papel importante na formação da cultura brasileira, especialmente no que diz respeito a certos hábitos alimentares, encenações teatrais típicas, corais de igrejas, bandas de música e assim por diante. [...]
>
> A contribuição alemã para a formação da cultura brasileira. Brasil 500 anos. **Instituto Brasileiro de Geografia e Estatística (IBGE)**. Disponível em: <https://brasil500anos.ibge.gov.br/territorio-brasileiro-e-povoamento/alemaes/a-contribuicao-alema-para-a-formacao-da-cultura-brasileira.html>. Acesso em: abr. 2018.

Denner Ovidio/Futura Press

Uma das mais famosas festas históricas alemãs é a Oktoberfest (Festa de Outubro), realizada anualmente em Munique, na Alemanha, e também no Brasil. Na fotografia, Oktoberfest em Blumenau, no estado de Santa Catarina, em 2017.

a) Qual é o país de origem dos imigrantes citados no texto? Em que país eles passaram a viver?

....

....

....

b) Sublinhe no texto exemplos de contribuições desses imigrantes na agricultura, na pecuária e na cultura.

4 Observe a imagem e responda às perguntas a seguir.

Guilherme Gaensly/Fundação do Patrimônio Histórico da Energia de São Paulo, São Paulo, SP.

Hospedaria dos Imigrantes na cidade de São Paulo, em 1900 aproximadamente.

a) Quem são as pessoas retratadas na fotografia?

....

b) Quais eram os prováveis destinos dessas pessoas? O que elas fariam nesses lugares?

....

....

....

c) Quais poderiam ser as dificuldades enfrentadas por essas pessoas?

....

....

....

Enfim, a libertação dos escravizados...

5 Observe as imagens abaixo e leia as legendas.

1

Declara extincta a escravidão no Brasil

Lei Áurea, publicada em 13 de maio de 1888.

2

GAZETA DE OLIVEIRA

ORGÃO COMMERCIAL, AGRICOLA, NOTICIOSO E LITTERARIO

Redactor gerente—Antonio Fernal

BRAZIL LIVRE

13 DE MAIO DE 1888

EXTINCÇÃO DA ESCRAVIDÃO

LEI N. 3353 DE 13 DE MAIO DE 1888

DECLARA EXTINCTA A ESCRAVIDÃO NO BRAZIL

PRINCEZA IMPERIAL REGENTE.

RODRIGO AUGUSTO DA SILVA.

Primeira página do jornal **Gazeta de Oliveira**, publicado em maio de 1888.

a) O que foi declarado pelo documento da imagem 1?

....

b) Qual é a relação entre as duas imagens?

....

....

c) O que mudou na vida dos trabalhadores escravizados após o dia 13 de maio de 1888?

....

....

....

....

....

6 Complete as frases com as palavras do quadro e numere os fatos na ordem em que eles ocorreram.

Áurea	campo	livres	abolição	governo
abolicionista	fim	Brasil		

☐ Com a ...., os libertos que já tinham um ofício nas cidades passaram a ser trabalhadores ....; outros permaneceram no .... trabalhando em troca de baixos salários.

☐ Em 1888 a Lei .... declarou o .... da escravidão no ....

☐ Nos anos após a abolição, muitas pessoas não encontraram trabalho nem moradia, além disso, não houve apoio do .... para que os libertos e seus descendentes tivessem acesso à educação escolar.

☐ O movimento .... exerceu grande pressão para que a escravidão fosse abolida no Brasil.

7 Que relação pode ser estabelecida entre a assinatura da Lei Áurea e a chegada dos imigrantes ao Brasil no fim do século XIX? Qual foi o papel do governo nesse processo?

....

....

....

....

....

....

Novos imigrantes

8 **Assinale as afirmações verdadeiras.**

- [ ] Todos os imigrantes se adaptaram muito bem ao Brasil.
- [ ] Os primeiros imigrantes japoneses chegaram ao Brasil a bordo do navio Kasato Maru, em 1908.
- [ ] Os imigrantes japoneses tiveram dificuldades para se adaptar ao Brasil.
- [ ] A cultura japonesa era muito semelhante à existente no Brasil.

9 **Observe as fotografias abaixo e complete as legendas com as palavras do quadro.**

japonesa	artes marciais	agricultura	brasileira	judô	vegetais

Thomaz Vita Neto/Pulsar Imagens

Na .... praticada no Brasil, o cultivo de .... como soja, acelga e caqui foi influenciado pela cultura ....

José Lazarete Júnior/Fotoarena/Folhapress

Algumas .... praticadas no Brasil, como o ...., o caratê e o quendô, são exemplos da influência japonesa na cultura ....

Brasil: um povo de muitos povos

Comunidades de imigrantes no Brasil

1 Leia o texto abaixo e responda às perguntas a seguir.

[...] De acordo com o Censo de 1920, dos 50 337 sírios e libaneses residentes no Brasil naquele ano, cerca de 19 mil estavam fixados em São Paulo, 9 300 no Distrito Federal/estado do Rio e 8 700 em Minas Gerais.

Os sírios e libaneses que chegavam ao Brasil eram, em sua grande maioria, cristãos, sobretudo homens jovens e solteiros, semianalfabetos, provenientes de pequenas aldeias. [...] Cerca de 90% dos sírios e libaneses que entravam no país desembarcavam em Santos e no Rio de Janeiro.

Acervo Museu da Imigração/Arquivo Público do Estado de São Paulo, São Paulo, SP

Armarinho de imigrantes sírio-libaneses na cidade de São Paulo, em 1950, aproximadamente. Os mascates costumavam levar seus produtos em baús semelhantes a armários, o que deu origem à palavra "armarinhos" que hoje designa o comércio de miudezas.

Apesar da experiência agrícola na terra de origem, a **mascateação** foi a atividade inicial dominante desses imigrantes [...]. Embora fixados geralmente em núcleos urbanos, sírios e libaneses tinham um significativo mercado em potencial na população do vasto interior rural do Brasil, muito mais numerosa que a das cidades. [...]

mascatear: exercer a profissão de mascate; vender de porta em porta.

FRANCISCO, Júlio Bittencourt; LAMARÃO, Sérgio. Sírios e libaneses e a expulsão de estrangeiros na Primeira República. **Acervo**, Rio de Janeiro, v. 26, n. 2, p. 257, jul./dez. 2013.

a) Qual é a origem dos imigrantes abordados no texto?

b) Em qual estado brasileiro estava fixada grande parte desses imigrantes em 1920?

c) Qual era a principal atividade desenvolvida por esses imigrantes quando chegavam ao Brasil?

d) Por que eles tinham um "mercado em potencial" no interior rural do Brasil?

2 Observe a pintura abaixo, de Lasar Segall, e leia o texto a seguir.

Navio de emigrantes, de Lasar Segall, 1939-1941 (óleo sobre tela, de 230 cm × 275 cm).

Lasar Segall nasceu em 1891, em Vilna, atual capital da Lituânia, em uma família de judeus. Nascido e criado em uma Europa marcada pela guerra, Lasar veio ao Brasil para expor suas obras em 1913. Essas exposições são consideradas as primeiras exposições de arte moderna no Brasil.

a) Quem são as pessoas retratadas na pintura?

....

b) Que sentimentos as cores utilizadas na pintura e a postura dessas pessoas transmitem?

....

c) Imagine como você se sentiria se tivesse de deixar o país onde vive, seus amigos, seus costumes e até sua família. Que dificuldades você imagina que encontraria?

....

....

....

Contribuição dos imigrantes

3 Observe as imagens a seguir e pinte os quadrinhos de acordo com a origem dos alimentos, conforme a legenda.

Influência japonesa — Influência italiana — Influência africana

nazarovsergey/Shutterstock

Pizza.

HelloRF Zcool/Shutterstock

Quiabo.

Ilaszlollaszlo/Shutterstock

Macarronada.

lhmfoto/Shutterstock

Tomate.

Atwood/Shutterstock

Mexerica poncã.

Rita Barreto/FotoArena

Azeite de dendê.

4 Leia a reportagem e responda às questões.

Mais de 800 venezuelanos cruzam a fronteira brasileira todos os dias, de acordo com as estimativas mais recentes do governo federal. À medida que a complexa situação política e socioeconômica na Venezuela piora, os venezuelanos que chegam ao Brasil precisam urgentemente de comida, abrigo e assistência médica. [...]

Mais de 52 mil venezuelanos chegaram ao Brasil desde o início de 2017. Estima-se que 40 mil tenham entrado por Roraima e estejam morando na capital, Boa Vista. [...]

Com a intensificação do fluxo de pessoas, serviços públicos como saúde e saneamento básico estão sendo ampliados. [...]

Resposta humanitária no Brasil se intensifica diante da crescente chegada de venezuelanos. **Organização das Nações Unidas no Brasil (ONUBR)**. Disponível em: <https://nacoesunidas.org/resposta-humanitaria-no-brasil-se-intensifica-diante-da-crescente-chegada-de-venezuelanos/>. Acesso em: jun. 2018.

a) Qual é o assunto principal do texto?

b) De acordo com o texto, qual é o motivo da imigração desses venezuelanos?

c) Quais são as necessidades desses imigrantes quando chegam ao Brasil?